파이온에서 힉스 입자까지

가속기에서 발견된 입자들

차례
Contents

E=mc^2

아무 것도 없는 빈 공간, 심지어 공기까지 없는 완전한 진공 상태의 허공을 생각하자. 이 빈 공간에 두 개의 전극을 놓고 양단에 전압을 걸어준다. 물론 공간에는 아무 것도 없으므로 아무 일도 일어나지 않는다. 점점 전압을 높인다. 그러면 어느 순간, 분명히 아무 것도 없던 빈 공간에서 갑자기 (+)전기를 가진 입자와 (-)전기를 가진 입자 한 쌍이 튀어나와 (+)전기를 가진 입자는 (-)극으로, (-)전기를 가진 입자는 (+)극으로 각각 끌려 간다. 빈 공간에서 입자가 나타난 것이다. 완전한 무(無)에서 물질이 '창조'되다니 대체 무슨 일이 일어난 것일까?

완전한 빈 공간이란 무엇일까? 물질이 없으면 완전한 빈 공간일까? 만약 그렇다면 우리가 보는 세상의 대부분은 빈 공간이어야 한다. 물질을 이루는 원자는 '원자핵'과 '전자'로 이루어져 있는데, 원자핵의 크기는 원자의 1만분의 1쯤 되고 전자는 그보다 훨씬 더 작다. 즉, 양성자가 축구공 크기라면 원자는 여의도만 한 것이다. 그러므로 단순히 크기만 가지고 이야기한다면 원자의 속은 사실 대부분 텅 빈 공간이라 할 수 있다. 원자의 내부가 거의 빈 공간이라면 원자로 이루어진 모든 물질이 사실 거의 모두 빈 공간인 셈이다. 그렇다면 실제 우리가 보고 만지고 느끼는 것들은 다 무엇일까?

원자 내부의 공간에 물질이 없다고 해도 그곳은 원자핵과 전자가 상호작용을 하는 전자기장으로 가득 차 있다. 그뿐만이 아니다. 사실 원자 수준의 미시 세계를 제대로 설명하기 위해서는 양자역학의 언어를 사용해야 한다. 양자역학적으로 말해 원자 속의 전자는 고정된 위치에 있는 것이 아니라 원자 내부 어느 곳에든 존재할 확률이 있다. 그래서 전자는 원자 내부 전체에 걸쳐 퍼져 있다고 말할 수 있다. 그러므로 원자 내부의 공간이 단순히 비어있다고 말하는 것은 옳지 않다.

흔히 우리는 빈 공간을 진공이라고 부른다. 하지만 양자역학에서 진공이란 가장 낮은 에너지 상태를 의미한다. 물질을 다루는 가장 현대적인 이론은 '양자 장(場) 이론'이다. 양자 장 이론에서 진공을 생각해 보자. 진공은 가장 낮은 에너지 상태이므로 전자와 같은 물질뿐 아니라 전기장과 자기장조차 없는 상태여야 한다. 그래서 빈 공간이라는 원래의 생각과 일치하는 듯하다. 하지만 아무 것도 없다고 해도 양자역학적으로 진공은 단순히 빈 공간이 아니다. 장의 값이 0이라고 하더라도 양자역학의 불확정성 원리에 의해 장의 양자역학적 요동은 언제나 존재하고, 이 양자 요동에 의해 소위 '가상의(Virtual)' 입자-반입자 쌍은 언제나 나타났다 사라지기를 반복하고 있기 때문이다. 그래서 텅 빈 것처럼 보이는 진공 상태란 사실 입자가 끊임없이 생성과 소멸을 거듭하는 역동적인 상태다. 그래서 우리가 아무리 이상적인 진공을 가정해도 그때의 에너지는 0이 아니라 양자 요동에 의해 어떤 값을 갖게 된다. 이렇게 진공 그 자체가 양자요동에 의한 효과를 항상 갖고 있기 때문에 처음 생각했던 것처럼 전극의 스위치를 켜서 전기장을 걸어주면 가상 입자-반입자 쌍이 전기장에 의해 정렬되어 일종의 극성을 띄게 된다. 이렇게 진공 자체에 생기는 극성을 '진공 편극(Vacuum Polarization)'이라고 한다.

전기장이 생기면 이 공간은 더 이상 빈 공간이 아니라 전기장의 에너지가 존재하는 공간이다. 전기장이 강해져서 점점 더 에너지가 높아지다가 전기장의 에너지가 아인슈타인의 $E=mc^2$에 의해 전자-반전자 쌍의 질량보다 커지면(반전자의 질량은 전자의 질량과 같으므로 결국 전자 질량의 2배를 넘으면) 가상의 전자-반전자 쌍은 실제의 전자-반전자 쌍이 된다. 하필 전자인 이유는 전자가 전기를 띤 입자들 중 가장 가벼운 입자이기 때문이다. 에너지가 더 높아져 다른 입자 질량의 2배를 넘으면 그 입자들도 생겨날 수 있다. 결국 물질은 에너지와 동등하므로 우리는 에너지로부터 물질을 '창조'할 수 있는 것이다.

태초 빅뱅 직후의 세계는 바로 그런 상태였다. 우주 자체의 에너지가 워낙 높았으므로 물질은 빈 공간에서 끊임없이 생겨나고 있었다. 그렇게 생겨난 입자는 붕괴하거나 반입자와 만나 다시 소멸하거나 다른 입자와 상호작용을 하기도 하며 우주 전체를(우주 전체라고 해도 당시에는 극히 작았겠지만) 가득 채우고 있었다. 그러니까 그때는 물질과 에너지가 혼재된 상태였다. 우주가 팽창하면서 점점 식어 공간의 에너지가 낮아지자 가장 무거운 입자들은 더 이상 만들어질 수 없게 되었다. 에너지가 낮아질수록 존재하는 입자의 종류는 줄어들었고, 마침내 일정 수준의 에너지가 되면 원자를 이루어 안정된 상태가 되지 않은 물질은 더 이상 존재하지 않게 되었다. 그래서 지금 현재의 우주에서는 무거운 입자들을 찾아볼 수 없다. 그런 입자들은 우주의 어느 한 순간까지만 존재하고 마치 멸종한 공룡들처럼 사라졌다.

그러나 입자가 공룡과 다른 점은, 물리학 법칙에 의해 지금도 그 입자들을 다시 만들어낼 수 있다는 것이다. 앞에서 본 것처럼 에너지가 충분히 높으면 어떤 입자-반입자 쌍도 만들어질 수 있다. 그런데 현재 지구상에서 그렇게 높은 에너지 상태는 가속기를 이용해 입자의 운동에너지를 높여서만 얻을 수 있다. 현대적인 가속기가 발명된 이래 많은 입자들이 가속기 실험을 통해 '만들어져' 발견되었고, 그 입자들을 통해 우리는 물질의 상호작용에 대해 이해할 수 있게 뇌었다.

가속기의 탄생

러더퍼드의 산란실험

1909년 영국 맨체스터 대학의 물리학과 교수 어니스트 러더퍼드(Ernest Rutherford)는 알파 방사선을 이용해 물질의 내부를 탐구하는 실험을 하고 있었다. 방사선은 외부에서 아무 조작을 하지 않아도 저절로 원자에서 나오는 에너지를 말한다. 프랑스의 물리학자 앙리 베크렐(Antoine Henri Becquerel)이 1896년 우라늄 원자에서 눈에 보이지 않는 무언가가 나오는 것을 처음 확인한 후, 방사선 연구는 물질의 근원을 연구하는 가장 중요한 분야가 되었다. 저절로 에너지를 내뿜는 성질을 '방사능(radioactivity)'이라 하고, 우라늄처럼 방사능을 가진 원소를 '방사

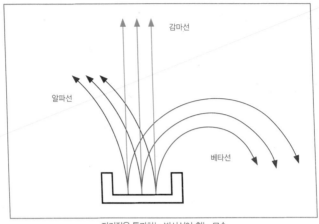

자기장을 통과하는 방사선이 휘는 모습

성 원소'라고 한다.

방사선은 세 가지 종류가 존재함이 곧 확인되었다. 방사선을 자기장에 통과시켰더니 위의 그림처럼 세 갈래로 갈라진 것이다. 두 종류의 방사선이 서로 다른 방향으로 휘어지는 것으로 보아 사실은 선(ray)이 아니라 전기를 띤 입자인 것으로 보인다. 또 각각 휘어지는 정도가 다른 것은 두 입자의 질량이 다르다는 것을 의미한다. (+)전기를 띠고 적게 휘어지는 (무거운) 방사선을 '알파선', (−)전기를 띠고 많이 휘어지는 (가벼운) 방사선을 각각 '베타선'이라고 부른다. 연구가 진전됨에 따라 알파선은 헬륨의 원자핵과 같고, 베타선은 전자라는 것이 밝혀졌다. 자기장의 영향을 받지 않는 방사선은 '감마선'이라고 부르며 빛과 같은 전자기파다.

이 중 알파선은 가장 무겁기 때문에 다른 원자와 상호작용이 커서 실험실에서 각광받는 존재였다. 특히 러더퍼드에게 알파선은 평생에 걸쳐 그의 최대 무기였다. 노벨 화학상을 받았을 때 러더퍼드의 노벨 강연(노벨상 수상자들의 강연) 제목이 〈방사성 물질에서 나오는 알파 입자의 화학적 본성(The Chemical Nature of the Alpha Particles from Radioactive Substances)〉이었고, 그 후에도 러더퍼드는 알파선을 이용해 여러 방법으로 온갖 종류의 원자를 때리는 일을 계속했다. 1909년의 실험도 바로 그런 실험 중 하나였다.

20세기 초 물질에 대한 가장 중요한 연구는 바로 방사선 연구였다. 그중 가장 앞서나가던 곳은 어머니에서 딸로 이어진 퀴리의 파리 실험실과 캐나다의 맥길 대학, 영국의 맨체스터 대학을 거쳐 케임브리지 대학의 캐번디시 연구소로 이어지는 러더퍼드의 연구실이었다. 특유의 물리적 직관과 섬세한 실험 기술, 지칠 줄 모르는 정력과 열정, 그리고 행운을 모두 갖춘 러더퍼드는 가는 곳마다 훌륭한 연구실을 설립하고 많은 연구 결과와 학생을 배출했다.

1909년에 러더퍼드는 조수 가이거(Hans Geiger)와 뉴질랜드 출신의 학생 마스덴(Ernest Marsden)에게 알파선으로 금 원자의 내부를 조사하는 실험을 지시했다. 무언가의 내부를 조사하려면 깨뜨려 보든가 아니면 속에 탐침을 넣어 더듬어 보아야 한다. 1909년 당시에는 사람들이 원자가 깨질 수 있다는 사실을 아직 알지 못했다(원자가 깨질 수 있다는 사실도 몇 년 뒤 러더퍼드가

어니스트 러더퍼드

발견한다). 그래서 러더퍼드는 그의 '무기'인 알파선으로 원자의 내부를 조사하려 한 것이다. 금 입자는 매우 부드러우므로 원자 몇 개 두께로 아주 얇게 가공할 수 있다. 이 얇은 금박에 알파선을 통과시켜 금 원자의 내부에 대해 알아보는 것이 실험의 목적이었다. 이와 같이 입자와 표적을 충돌시키는 것을 물리학자들은 '산란(Scattering)'이라고 부른다. 거시적인 세계에 살고 있는 우리가 보기에는 '충돌'이라고 느끼지만 미시적으로 보면 입자와 입자가 전기적으로, 혹은 다른 힘으로 상호작용하고 지나가는 '산란'이 정확한 표현이다.

당시 원자의 내부 구조에 대해서 많은 사람들이 생각하고 있던 모습은 (+)전기가 퍼져 있는 내부에 (-)전기를 가진 전자가 건포도처럼 박혀있는 '건포도빵' 모델이었다. 원자에 전자가 들어 있다는 사실은 이미 알고 있었으므로 전기적으로 중성인 원자를 만들기 위해서는 (+)전기를 가진 무언가가 전자를 감싸고 있으면서 전기를 상쇄시켜야 하기 때문이다. 그럴 경우 무거운 알파 입자가 원자를 투과하면서 약간 교란될 것이라고 예상했다. 그런데 실험 결과는 예상과는 전혀 달랐다. 훨씬 많이 휘어지는 알파 입자가 나타났고, 심지어 튕겨 나오기까지 했다.

러더퍼드는 이를 두고 '평생 가장 놀라웠던 일'이라고 표현했다. 이 결과는 원자 속에 원자의 질량 대부분에 해당하는 원자핵이 존재한다는 사실을 말해주는 것이었다. 이로부터 원자핵 주변을 전자가 돌고 있는 '러더퍼드의 원자모형'이 등장했고, 이는 양자역학으로 가는 중요한 발판이 되었다. 인간이 원자를 이해하는 데 있어 올바른 방향을 향해 거대한 한 걸음을 내딛은 것이다.

러더퍼드의 실험처럼 물질의 내부를 보기 위해서는 물질 속으로 들어가거나 물질을 깨뜨려보거나 최소한 두들겨 보기라도 하는 수밖에 없다. 그러나 원자핵이 (+)전기를 가지고 있어 전기적인 반발력이 발생하기 때문에 알파 입자가 가까이 가는 데는 한계가 있다. 원자와 원자핵을 탐구하기 위해서는 더 높은 에너지의 더 많은 입자가 필요했다. 그런데 러더퍼드의 실험에서 사용한 알파 입자는 방사성 원소에서 나오는 입자이므로 에너지를 조정할 수 없었다. 인공적으로 전기를 띤 입자를 가속시켜 산란 및 충돌실험을 할 수 있다면 훨씬 더 효과적으로 원자의 속을 살펴볼 수 있을 것이다.

가속기의 탄생

러더퍼드는 1919년 자신의 스승인 톰슨(Sir Joseph John Thomson)의 뒤를 이어 케임브리지 대학의 캐번디시 연구소 소장으로 자리를 옮겼다. 존 콕크로프트(Sir John Douglas Cockcroft)와

어니스트 월튼(Ernest Thomas Sinton Walton)은 두 사람 모두 케임브리지 대학에서 러더퍼드의 제자들이었다. 콕크로프트는 1924년 케임브리지 대학의 세인트 존 컬리지에서 학위를 받은 후, 월튼은 1927년 트리니티 컬리지에서 석사학위를 받은 후 각각 러더퍼드 사단에 합류했다. 당시 러더퍼드의 캐번디시 연구소에는 네 명의 노벨상 수상자가 재직하고 있었고, 콕크로프트와 월튼 두 사람을 포함해 이후 다섯 명이 더 노벨상을 받게 된다. 노벨상이 1901년부터 시작되었다는 사실을 생각하면 당시 케임브리지 물리학의 위용이 얼마나 대단한가를 새삼 느낄 수 있다.

콕크로프트와 월튼은 1928년부터 함께 양성자를 가속시키는 장치를 개발하기 시작한다. 사실 가속기 자체의 원리는 간단하다. 전기를 걸어 (+)극과 (-)극을 만들면 전기를 띤 입자는 전기적인 힘을 받아 두 극 사이에서 가속된다. 빠르게 가속시키려면 높은 전압을 걸어 강한 힘으로 가속시키면 된다. 그러나 실제로 들어가면 고전압을 얻는 문제, 가속되는 입자가 공기 분자의 방해를 받지 않도록 진공을 만드는 문제 등 실질적인 많은 부분을 해결해야 했다. 콕크로프트와 월튼은 가속기를 위해 스스로 개발한 회로를 기반으로 수십만 볼트를 발생시킬 수 있는 고전압 발생기를 제작했고, 여기서 나온 직류 전압을 양 전극에 걸어 양성자를 가속시키는 가장 간단한 구조의 입자가속기를 만들었다.

한편 1929년 미국의 젊은 물리학자 반 데 그라프(Robert J. Van

반데 그라프 발전기

de Graaff) 역시 높은 전압을 얻을 수 있는 고전압 발생기를 구상, 제작하고 있었다. 그의 첫 번째 장치는 8만 볼트의 전압을 냈고, 몇 년 후 수백만 볼트를 낼 수 있는 더 큰 전압 발생기를 제작했다. 그의 이름을 딴 '반 데 그라프 발전기'는 대학 물리학 실험실에서 쉽게 볼 수 있다. 이 장치는 두 개 전극에 전압을 발생시키는 것이 아니라 하나의 전기를 모아 접지 상태보다 높은 전압을 유지하기 때문에 이 장치를 가속기로 이용하면 전극과 표적 사이의 전압 차이에 의해 입자가 가속된다. 두 전극 사이에서 직류 전압을 이용해 입자를 가속시키면 더 높은 에너지를 얻는 데 한계를 가질 수밖에 없다. 이를 극복하기 위한 가장 직접적인 방법은 작은 가속기를 계속 이어 붙여 가속을 반복하는 것이다. 이처럼 여러 개의 가속 장치를 이어 붙여 만든 가속기를 '선형 가속기(Linear accelerator)'라고 한다.

최초의 선형 가속기를 만든 사람은 노르웨이의 가속기 전문가인 롤프 비데뢰(Rolf Widerøe)다. 1928년 박사학위 과정 중이던 비데뢰는 독일의 아헨 공과대학에서 약 5만 볼트 에너지

13

의 선형 가속기를 만들었다. 높은 에너지를 얻기 위해 1930년 대 초에는 여러 연구소에서 선형 가속기를 중요하게 연구했다. 그중에서도 가속기로 중요한 물리학 실험을 처음 해낸 것은 케임브리지 대학이었다. 1932년 4월 콕크로프트와 월튼은 그들의 가속기로 가속시킨 양성자와 전자 등을 리튬 원자에 충돌시켜 헬륨으로 바꾸는 데 성공했다. 기존 원자를 다른 원자로 바꾸는 '현대판 연금술'은 러더퍼드가 알파 입자를 원자에 충돌시킴으로써 처음 성공시켰는데, 이제 인공적으로 가속된 입자로 다시 재현된 것이다. 이로써 원자핵 물리학에 입자가속기의 시대가 열리기 시작했다. 콕크로프트와 월튼은 '인공적으로 가속된 원자 입자로 원자핵을 변환시키는 선구적인 일을 한 공로'로 1951년 노벨 물리학상을 수상했다. 그러나 미래의 주역이 될 새로운 가속기가 탄생한 곳은 유럽이 아니라 미국이었다. 그 새로운 가속기는 미국 버클리 대학의 어니스트 로렌스(Ernest Orlando Lawrence)가 발명한 '사이클로트론(Cyclotron)'이다.

사이클로트론과 방사선 연구소

노르웨이계 이민의 후손인 로렌스는 성공한 미국인의 전형을 지녔다. 패기와 적극성, 낙관적인 태도와 외향적 기질, 자금을 모으는 수완, 다양한 분야의 사람과 두루 어울리는 성격 등 그는 학계에서 드물게 사업가 기질을 지닌 물리학자였다. 사우스다코타, 미네소타, 시카고 대학을 거쳐 1925년 예일 대학에서 박사학위를 받은 그는 당시로서는 드물게 유럽에 가지 않고 순수하게 미국에서만 교육을 받아 성공한 물리학자이기도 했다.

물리학자로서도 뛰어난 능력과 직관을 가지고 있던 로렌스는 1920년대 말 원자핵을 연구하는 데 관심을 기울이고 있었다. 그러면서 로렌스 역시 '(로렌스의 표현에 의하면) 성당 속을 날아다니는 파리'처럼 아주 작고 붙잡기 어려울 뿐 아니라 전기적인 반발력이라는 방패를 지닌 원자핵을 두들기기 위해서는 높은 에너지가 필요하다는 사실을 느끼고 있었다. 그러다 1929년의 어느 날, 로렌스는 우연히 비데뢰의 논문을 읽게 된다. 가속을 반복해 높은 에너지로 입자를 가속시키는 개념에 대한 논문이었다. 로렌스는 이 논문으로부터 선형 가속기가 아니라 자기장을 이용해 하나의 가속기로 입자를 반복해서 가속시키는 '원형 가속기'의 아이디어를 떠올린다.

자기장 속에서 전기를 띤 입자가 움직이면 입자는 진행 방향과 자기장 모두에 수직인 방향으로 힘을 받는다. 즉 아래에서 위쪽 수직방향으로 자기장이 있고, 양성자가 내 뒤에서 앞으로 가고 있다면 이 입자는 오른쪽 방향으로 힘을 받는다. 그런데 이 힘의 방향은 입자가 힘에 의해 방향을 바꾸어도 여전히 입자의 오른쪽 방향 그대로다. 따라서 이런 입자는 일정한 속도로 원운동을 하게 된다. 이제 입자를 가속시키면 입자의 속도가 빨라져서 다음 그림과 같이 좀 더 큰 원을 그리면서 가속장치의 반대편에 오게 될 것이다. 그러면 이 시간에 맞추어

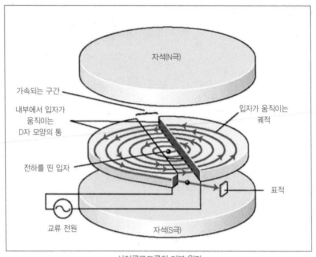

사이클로트론의 기본 원리

가속되는 구간

내부에서 입자가
움직이는
D자 모양의 통

가속되는 구간

입자가 움직이는
궤적

자석(N극)

전하를 띤 입자

표적

교류 전원

자석(S극)

가속장치의 (+)극과 (–)극을 바꾸어 주면 된다. 그러면 마치 우리가 그네를 밀어줄 때처럼 입자가 반복 가속되어 높은 에너지를 얻게 된다. 여기서 재미있는 것은 작은 반원을 그릴 때나 큰 반원을 그릴 때나 시간은 일정하다는 것이다. 큰 반원을 그릴 때는 속도가 빨라져 거리가 늘어난 것을 상쇄해주기 때문이다. 그래서 사이클로트론은 일정한 크기의 자기장과 일정한 주파수로 (+)극과 (–)극이 바뀌는 교류 전류로 작동한다.

로렌스가 첫 번째 기계를 완성한 것은 1931년이었다. 기계의 지름은 약 12cm로 손 위에 올려놓을 수 있는 정도였다. 하지만 2천 볼트 전압으로 작동을 시작하자 이 가속기는 양성자를 8만 전자볼트까지 가속시켰다. 처음에 로렌스는 이 기계를 '양성자 회전목마(Proton merry-go-round)'라고 명명했지만 곧 '사이클로트론'이라는 이름으로 불리게 된다. 첫 사이클로트론의 제작비는 25달러에 불과했다. 사이클로트론은 원리상 높은 에너지까지 입자를 가속시키려면 덩치가 점점 커져야만 한다. 로렌스의 조수 리빙스턴(Stanley Livingston)과 슬론(David Sloan)이 만든 두번째 사이클로트론의 지름은 약 28cm였고, 출력은 100만 전자볼트에 이르렀다. 로렌스는 다시 더 큰 사이클로트론을 만들었다. 세 번째 사이클로트론의 지름은 67cm에 출력은 무려 5백만 전자볼트에 이르렀다.

연구의 규모가 빠른 속도로 커짐에 따라 로렌스는 자신의 연구실을 '방사선 연구소(Radiation Laboratory)'로 확대했다. 이 연구소야말로 앞으로 핵물리학을 이끌어 나갈 곳이었다. 로렌스는 점점 더 큰 사이클로트론을 만드는 데 집중했다. 사이클로트론을 설계·제작하고 운용하는 데 점점 더 많은 인력이 필요해졌고, 사이클로트론을 이용하는 연구의 범위도 넓어졌다. 방사선 연구소는 수많은 물리학자와 화학자, 기술자들이 오가는 곳이 되었다. 로렌스는 학문의 경계를 넘나드는 데 거부감이 없었고, 공학자나 화학자와 같은 다른 분야의 사람들과 함께 일하는 데도 능했다. 심지어 사업가나 정치인들과 어울리며 재정지원을 끌어오는 데도 능력을 보였다.

방사선 연구소는 점점 거대해져 갔고, 다른 대학 연구소와는 달리 전통적인 학과에 얽매이지 않는 성격을 보였다. 대학당국은 1936년 7월 1일자로 방사선 연구소를 물리학과에서

로렌스의 방사선 연구소에서 제작한
지름 152cm의 사이클로트론 (1939)

분리시켜 독립된 연구소로 만들어 주었다. 이제 방사선 연구소
는 사이클로트론을 만드는 곳일 뿐 아니라 1950년대까지 원자
핵 전반에 걸친 연구에서 세계를 선도하는 연구소가 된다. 이
방사선 연구소는 이 책에서 소개하는 여러 입자가 탄생하는
무대로도 등장한다.

중성 파이온 - 가속기에서 발견된 첫 입자

원자핵의 수수께끼

앞의 장에서 학생 신분으로 러더퍼드의 역사적인 산란 실험을 직접 수행했던 마스덴에게로 돌아가 보자. 실험을 진행할 당시 마스덴의 나이는 불과 만 20세였다. 그러니까 그는 학부생이면서 하늘같은 지도교수가 설계한 실험을 조교의 감독 아래 시키는 대로 진행한 것이다. 엉겁결에 역사에 이름을 남기는 행운을 얻은 마스덴은 그해 우등으로 학위를 받고 런던 대학에서 잠시 강의를 맡는다. 얼마 후 다시 러더퍼드 곁으로 돌아온 마스덴은 1912년 러더퍼드와 산란 실험을 같이 했던 가이거가 독일로 돌아가자 그의 뒤를 이어 러더퍼드의 연구 조수가 되었다. 러더퍼드와 함께 마스덴은 원자물리학 실험을 계속하다 1915년 러더퍼드의 추천으로 마침내 고향인 뉴질랜드 빅토리아 대학의 교수가 되어 돌아간다. 후일 마스덴은 뉴질랜드 왕립학회 회장을 지내는 등 뉴질랜드의 지도적 과학자로서 활약한다. 1994년에는 뉴질랜드에 기초과학을 지원하기 위한 마스덴 재단이 설립되기도 했다.

마스덴이 뉴질랜드로 돌아가기 전 마지막으로 했던 실험은 알파 입자를 수소 기체에 통과시키는 일이었는데, 이때 눈에 띄는 현상을 발견했다. 수소 원자핵이 빠른 속도로 튀어나간 것이다. 그러나 마스덴이 떠나면서 실험은 마무리되지 못했고, 당시 제1차 세계대전이 한창 진행 중이었기 때문에 러더퍼드도 그 실험에 손을 대지 못했다. 전쟁이 끝나고 나서야 러더퍼드는 질소 기체를 가지고 이 실험을 다시 시도해 보았다. 러더퍼드는 마스덴과 같은 결과를 얻었다. 수소 원자핵이 튀어나온 것이었다. 러더퍼드는 1919년 수소 원자핵이 질소의 원자핵에 포함되어 있다는 결론을 내리고 논문을 발표한다. 원자핵의 질량은 원자 번호가 늘어남에 따라 증가하므로 원자 번호가 1이고 질량도 가장 가벼운 수소 원자핵이 다른 원자핵을 이루는 기본 요소라는 러더퍼드의 결론은 타당했다. 러더퍼드는 수소의 원자핵을 '양성자(proton)'라고 불렀다. 이제 원자를 넘어서 원자핵에 대한 연구가 시작된 것이다.

러더퍼드의 생각에 따르면 원자 번호는 원자핵 안에 수소의 원자핵, 즉 양성자가 몇 개 들어있는가를 나타내는 숫자다. 그런데 그렇게 되면 원자의 질량은 그 안에 들어있는 양성자 총 질량의 대략 두 배가 된다. 아직 원자핵의 수수께끼가 완전히 해결된 것은 아니었다. 러더퍼드와 그의 제자인 제임스 채드윅(James Chadwick)은 오랫동안 이 문제를 연구했다. 그리고 마침내 1932년 알파 입자로 베릴륨 원자핵을 때릴 때 전기적으로 중성이고 양성자와 질량이 같은 입자가 나온다는 것을 밝혀냈다. '중성자(neutron)'를 발견한 것이다. 채드윅은 이 업적으로 1935년 노벨 물리학상을 수상한다.

이제 원자핵은 양성자와 중성자로 이루어져 있다는 사실이 밝혀졌고, 원자핵 성질의 많은 부분이 설명되었다. 훗날 핵물리학의 대가로 태양이 불타는 메커니즘을 설명해 노벨상을 받게 되는 한스 베테(Hans Bethe)는 "중성자가 발견되기 전은 핵물리학의 선사시대였고, 중성자가 발견됨으로써 핵물리학의 역사가 시작되었다"고 이야기한다.

그런데 결정적으로 아주 근본적이면서도 이해할 수 없는 일이 아직 하나 남아 있었다. 양성자와 중성자는 모여서 왜 원자핵을 이루고 있는 걸까? 원자핵과 전자가 원자를 이루는 것은 양자 사이에 전기적인 힘이 서로를 끌어당기기 때문이다. 기본적으로 지구와 달, 혹은 태양과 지구의 관계와 마찬가지다. 그런데 양성자는 전기가 (+)이고 중성자는 전기가 0이니 이들을 한데 뭉쳐놓는 힘은 전기적인 힘이 아니다. 사실 문제는 그보다 훨씬 심각하다고 할 수 있다. (+)전기를 가진 양성자들을 원자핵처럼 작은 크기로 뭉쳐 놓으면 양성자들 사이의 전기적인 반발력이 엄청나게 크다. 그러니 양성자와 중성자를 모아 원자핵을 이루는 힘은 전기적인 힘보다 더 큰 힘이어야 한다. 그 힘은 무엇인가? 아무도 이를 알지 못했다.

해답은 파이온인가?

여러 실험 결과 양성자-양성자 사이의 힘과 양성자-중성자 사이의 힘은 같다는 것을 알 수 있었다. 그 의미는 양성자와 중성자에만 작용하는 어떤 새로운 힘이 존재하며, 그 힘은 양성자와 중성자를 구별하지 않는다는 것이다. 아마 그 힘이 양성자와 중성자를 작은 핵으로 뭉치게 하고 있음이 분명했다. 이 힘에 대해 주목할 만한 이론이 나온 곳은 서구가 아니라 일본이었다.

유카와 히데키(湯川秀樹)는 1907년 일본 도쿄에서 태어났으나 아버지가 교토 대학의 지질학 교수가 되어 온 가족이 교토로 옮겨가면서 교토에서 성장했다. 훗날 전쟁 중의 일본에서 독립적으로 양자전기역학을 연구해 줄리언 슈윙거(Julian Seymour Schwinger), 리처드 파인만(Richard Phillips Feynman)과 함께 1965년에 노벨상을 수상한 도모나가 신이치로(朝永振一郎)는 유카와의 교토 부립 제1중학교, 제3고등학교, 교토 대학교 동기동창이다. 교토 대학을 졸업한 뒤 도모나가는 유럽에서 돌아온 니시나(仁科芳雄)가 있는 도쿄의 이화학연구소(理化学研究所, RIKEN)로 떠나고, 유카와는 1932년 오사카 대학의 조교수가 되어 이후 각

각 관동과 관서를 근거지로 활동하면서 일본의 물리학을 융성시키게 된다.[1]

오사카 대학에 재직하던 1935년부터 유카와는 원자핵에 관한 몇 편의 중요한 논문을 발표한다. 양성자와 중성자들 사이에 작용하는 핵력의 정체에 관한 고찰을 담은 이 논문들에서 유카와는 빛이 전자기 상호작용을 전달하듯 핵력을 전달하는 입자가 있다고 제안하고, 그 입자의 성질에 대해 논했다. 그 입자는 빛처럼 스핀(spin, 각운동량과 동등한 입자의 고유한 성질)이 1이거나 아니면 0이어야 하며 양성자-양성자, 양성자-중성자, 중성자-중성자 사이를 모두 매개해야 하므로 전기를 가진 입자와 전기적으로 중성인 입자 두 가지가 있어야 한다. 그리고 가장 중요한 점은 핵력은 원자핵의 크기라는 아주 짧은 거리에만 미치므로 힘을 전달하는 입자는 질량이 있어야 하며, 그 질량은 전자 질량의 약 200배 정도라는 것이었다.

당시 알려진 입자는 전자와 양성자와 중성자, 그리고 얼마 전에 발견된 전자의 반입자뿐이었으므로 유카와가 예상한 입자는 아직 발견되지 않은 새로운 입자였다. 유카와는 그의 입자를 '메존(meson)'이라고 불렀다. 입자의 질량이 전자와 핵자의 중간쯤에 해당하기 때문에 중간을 나타내는 그리스어 'mesos'에서 따온 말이다.[2] 유카와의 논문은 일본 국내의 「일본 수학 및 물리학 학회지(Journal of the Mathematical and Physical Society of Japan)」라는 학술지에 발표되었는데 영어로 논문을 작성해 서구에도 유카와의 논문을 아는 사람이 있었다.

캐번디시 연구소에서 러더퍼드의 제자였던 파웰(Cecil Frank Powell)은 학위를 받은 후 브리스톨 대학에 부임해 사진건판의 유제(emulsion)를 이용하는 실험을 발전시켰다. '유제'란 광학 사진에 쓰는 필름에 입히는 물질인 브롬화 은(AgBr)을 말하는데, 빛이나 전기를 띤 입자가 부딪히면 색깔이 바뀌기 때문에 입자 검출기로 이용된다. 유제를 사용하면 브롬화 은의 분자 수준에서 궤적이 기록되기 때문에 기존의 안개상자보다 훨씬 정밀하게 입자의 궤적을 볼 수 있다. 파웰은 이탈리아 출신의 재주꾼 실험가 오키알리니(Giuseppe Occhialini)와 함께 특별 주문한 새로운 건판을 가지고 프랑스 피 뒤 미디(Pic du Midi) 연구소에서 우주선(cosmic rays, 宇宙線)을 검출했다. 이 실험에서 그들은 지금까지 보지 못한 입자의 흔적을 발견했다. 이 입자는 (+)와 (-)의 전기를 띠고 있으며, 질량은 약 140 MeV/c^{2}로 유카와의 예상과 비슷했다. 유카와의 메존이 발견된 것이다. 이 입자는 '파이 메존(π-meson)'으로 불리다 지금은 '파이온(pion)'으로 불리며 'π'로 표시한다.

1947년 파웰 그룹이 파이온의 발견을 발표한 뒤, 이어 1949년 '핵력에 관한 이론적인 작업의 기초 위에서 메존의 존재를 예측한 것에 대한 공로'로 유카와에게 노벨 물리학상이 주어졌다. 일본인이 받은 첫 번째 노벨상이었다. 1945년 패전 이후 미군정 하에서 물질적 궁핍과 가치관의 혼란 속에 있던 일본인들에게 유카와의 노벨상 수상은 얼마나 감동적인 소식이었는지 모른다. 이듬해에는 파웰도 파이온을 발견한 공로로 노벨상을 받았다.

현대적인 관점에서는 파이온이 강한 상호작용을 전달하는 것이 아니며, 따라서 유카와의 이론이 정확히 옳은 것은 아니다. 그러나 입자를 주고받음으로써 힘이 전달된다는 아이디어를 확립하고, 원자핵의 포텐셜(potential, 입자와 입자 사이의 관계에서 생기는 에너지)에 대한 모형을 제시한 점은 중요하다.

가속기에서 입자가 만들어지다.

잭 슈타인버거(Jack Steinberger)는 1921년 온천으로 유명한 휴양지인 독일 바바리아 주의 바트키싱겐(Bad Kissingen)에서 태어났다. 1932년 나치가 정권을 잡고 반유태주의가 공공연해지면서 그의 가족은 독일을 떠나 미국으로 이주했다. 슈타인버거는 13살 시절에 본 유태인에 대한 증오를 담은 나치의 포스터를 기억한다고 한다.

초기의 미국 생활은 순탄치 않았다. 슈타인버거는 아머 공과대학에서 화학공학을 공부했지만, 집안을 위해 돈을 벌어야 했기 때문에 2년 만에 학업을 그만둬야 했다. 제약회사 연구실에서 일하며 야간에 시카고 대학에서 화학을 공부하기 시작한 그는 다행히 곧 주간으로 옮겨 시카고 대학을 졸업할 수 있었다. 제2차 세계대전 동안 슈타인버거는 슈윙거 등과 함께 MIT에서 레이더를 연구하면서 물리학의 기초부터 공부를 시작하게 되었고, 전쟁이 끝난 후 시카고 대학으로 돌아가 대학원에서 물리학을 전공하게 된다.

슈타인버거는 운이 좋았다. 전쟁 후 시카고 대학교의 물리학과는 '완벽한 물리학자'라고 할 수 있는 엔리코 페르미(Enrico Fermi)를 비롯해 훗날 '수소폭탄의 아버지'라 불리게 될 에드워드 텔러(Edward Teller) 등의 교수진이 포진한 최고의 물리학과 중 하나였기 때문이다. 페르미의 강의는 슈타인버거가 '단순성과 명확성의 보석(gems of simplicity and clarity)'이었다고 기억할 만큼 뛰어났다. 정규 강의 외에도 페르미는 폭넓은 물리학 주제를 토의하는 저녁 토론 시간을 운영하는 등 학생들이 훌륭한 물리학자로 성장하도록 도움을 아끼지 않았다. 학생들 중에는 훗날 노벨상을 받게 되는 리청다오(李政道)와 양진녕(楊振寧), 체임벌린(Owen Chamberlain)이 있었고, 그밖에도 볼펜슈타인(Lincoln Wolfenstein), 골드버거(Marvin Leonard Goldberger), 제프리 츄(Geoffrey Chew), 가윈(Richard Garwin) 등 훗날 지도적인 물리학자로 성장하게 될 여러 학생들이 있었다. 슈타인버거는 "학생들과 함께 지내면서 교수들로부터 배운 것만큼이나 많은 것을 배웠다."고 회상했다.

슈타인버거는 처음에 이론 연구로 박사학위 논문을 쓰려고 했으나 적당한 주제를 찾지 못했다. 그는 페르미의 제안에 따라 뮤온(muon, 전자와 성질이 같고 더 무거운 입자)의 붕괴에 대해 연구했는데, 그때까지 사람들이 '뮤온은 전자와 중성미자(neutrino)라는 두 개의 입자로 붕괴한다'고 생각한 것과 달리 '뮤온이 붕괴하면 세 개의 입자가 된다'는 것을 제안하고, 직접 우주선에서 만들어진 뮤온을 이용해 실험적으로 이를 증명했다. 이것이 그의 박사학위 논문이 되었다.

박사학위를 받고 나서 슈타인버거는 프린스턴 고등연구소에서 1년간 연구했다. 이 시기에 그는 다시 이론 연구를 시도했는데, 프리만 다이슨(Freeman Dyson)을 비롯한 다른 이론물리학자들을 따라잡기가 힘들었다고 한다. 그러나 슈타인버거는 프린스턴에서 중성 파이온의 붕괴 방법과 그에 따른 수명을 계산한 논문을 발표했다.[3] 이는 중성 파이온에 대한 연구의 막을 여는 기념비적인 논문이었다. 슈타인버거는 자신이 뭔가 해낸 것을 보고 당시 고등연구소의 소장이던 오펜하이머(John Robert Oppenheimer)가 무척 기뻐했다고 회상했다.

중성인 파이온은 그때까지 발견된 적이 없었다. 전기적으로 중성인 입자는 그 자체로는 안개상자나 사진유제에 흔적을 남기지 않기 때문에 그냥은 찾기 어렵고, 입자가 붕괴되고 나온 흔적을 찾든지 아니면 다른 반응을 관찰해야 한다. 따라서 입자의 성질을 어느 정도 예측해야만 입자를 찾을 수 있다. 그런데 중성인 파이온의 붕괴 과정은 다른 입자의 보통 붕괴와는 다르다. 중성인 파이온은 대부분 양자 효과에 의해 두 개의 광자로 붕괴하게 되는데, 보통의 경우 양자 효과는 매우 작기 때문에 매우 천천히 붕괴해야 하지만 파이온과 같은 경우 이례적으로 커지게 된다.

한편 가속기의 발전에 따라 드디어 가속기에서 입자를 만들어내기 시작했다. 1948년 브리스톨 파웰 그룹 출신의 라테스

(César Lattes)는 버클리로 옮겨가 가드너(Eugene Gardner)와 함께 사이클로트론으로 가속시킨 알파 입자를 탄소 원자에 충돌시켜 인공적으로 파이온을 만드는 데 성공했다.

슈타인버거도 프린스턴을 떠나 버클리의 방사선 연구소로 자리를 옮겼다. 방사선 연구소에서 슈타인버거는 330 MeV 싱크로트론(synchrotron)을 이용해 중성 파이온을 찾는 실험을 시작했다. 실험과정은 330 MeV 에너지의 X-선으로 원자핵을 때려서 나오는 여러 개의 광자들 중 중성 파이온이 붕괴해서 나온 광자 쌍을 찾는 것이었다. 최신의 섬광 계수기(scintillation counter)를 이용해 슈타인버거와 동료인 파노프스키(W.K.H. Panofsky), 스텔러(J. Steller)는 광자들이 발생한 각도로부터 파이온의 질량에 해당하는 입자가 붕괴해서 나온 광자 쌍을 찾았다. 중성 파이온이 발생할 확률은 전기를 띤 파이온이 나올 확률과 비슷하고, X-선의 방향과 같은 방향으로 가장 많이 발생했다. 원자핵으로는 수소, 탄소, 베릴륨 등이 이용되었는데, 양성자와 중성자의 개수로 나누어보면 원자핵이 달라져도 발생 확률은 거의 비슷했다. 그들은 곧 중성 파이온이 발생했음을 확인했다.[4] 이는 가속기를 통해 지금까지 발견하지 못했던 새로운 입자를 발견한 첫 번째 사건이었다. 같은 해 브리스톨 그룹이 기구를 이용한 우주선 실험에서도 중성 파이온의 존재를 확인했다.

이런 업적에도 불구하고 슈타인버거는 얼마 지나지 않아 방사선 연구소를 떠나게 된다. 1950년대 매카시즘의 광풍 속에

(좌로부터) 슈타인버거, 슈워츠, 레더만

서 연구소 측이 공산주의자가 아니라는 맹세를 요구하자 이
에 서명하기를 거부했기 때문이다. 슈타인버거는 이후 컬럼비
아 대학으로 옮겨 많은 업적을 냈으며, 스승인 페르미처럼 많
은 제자를 배출했다. 1959년 슈타인버거는 동료 교수인 레더만
(Leon Max Lederman), 슈워츠(Melvin Schwartz)와 함께 뮤온과 함께
만들어진 중성미자는 원자핵의 베타붕괴에서 전자와 함께 만
들어진 중성미자와 다른 입자라는 것을 발견했다. 즉 중성미자
도 전자와 뮤온에 따라 두 종류가 존재한다는 것이다. 이 업적
으로 세 사람은 1988년 노벨 물리학상을 수상한다. 이후 슈타
인버거는 유럽입자물리학연구소(CERN, European Organization for
Nuclear Research)를 오가며 'CP 대칭성 깨짐(charge-parity violation)'
을 정확히 측정하는 등 많은 업적을 남겼고, 현재는 은퇴해
CERN의 연구실에 머물고 있다.

반양성자

반입자

캘리포니아 공과대학의 젊은 물리학자 칼 앤더슨(Carl Anderson)이 1932년 우주선 속에서 발견한 반입자의 존재는 역사상 가장 놀라운 발견 중 하나로 꼽을 만한 일이다. 반입자란 이전에 아무도 생각하지 못한 개념인 동시에 그 어떤 상상보다도 극단적인 존재였기 때문이다. 더욱 놀라운 것은 발견 이전에 그 존재가 순수하게 이론적으로 예측되었다는 것이다. 게다가 예측이라고는 해도 여느 경우와는 매우 달랐다. 전혀 의도된 것도 예상된 것도 아니었고, 심지어 그것을 예측한 사람조차 자신이 무엇을 하고 있는지 몰랐던 것이다.

1928년 케임브리지 대학의 젊은 이론물리학자 폴 아드리언 모리스 디락(Paul Adrien Maurice Dirac)은 전자에 상대성 이론을 적용하기 위한 방정식을 발견했다. 현대물리학의 두 기둥인 '상대성 이론'과 '양자론'이 성공적으로 하나의 이론으로 결합되었다는 의미에서 이 방정식은 20세기의 가장 위대한 과학 업적 중 하나라고 할 수 있다. 이 방정식이 더욱 놀라운 것은 단순히 답이 실험 결과와 잘 맞기 때문이 아니라, 디락 스스로도 의도하지 않은 두 가지 성질이 저절로 방정식에 들어있었기 때문이다. 그 두 가지 성질이란 하나는 전자의 스핀이었고, 다른 하나는 전하가 반대인 존재였다. 당시에는 양성자와 전자가 물질을 이루는 기본 입자의 전부라 생각했기에 전하가 반대인 존재는 이해할 수 없는 것이었다. 1931년경부터 디락은 이 입자를 '반전자(anti-electron)'라고 불렀다.

그러나 반전자라는 개념은 당시 이론가들의 것이었기 때문에 실험가였던 앤더슨은 전자의 반입자를 발견했을 때 디락의 반전자에 대해 듣지 못한 상태였다. 어쨌든 앤더슨은 그가 발견한 것이 지금까지 알려지지 않은 새로운 입자라는 결론을 내리고 '양의 전자(positive electron)'를 발견했다고 발표했다. 그리고 논문에서 이 입자를 '양전자(positron)'라고 부를 것을 제안하면서 보통의 전자는 앞으로 '음전자(negatron)'라고 불러야 이름의 대칭성이 맞는다고 논문에 썼다. 하지만 '음전자'라는 이름은 쓰이지 않고, '전자-양전자(electron-positron)'라는 이름으로 정착되었다. 현실의 언어가 본질의 대칭성을 반드시 반영하지는 않는

법이다.

이렇게 극적으로 탄생해 갑자기 눈앞에 나타난 '반입자'라는 개념은 이후 발견된 '뮤온'과 '파이 메존' 같은 새로운 입자에서도 질량이 같고 전하가 반대인 입자가 쌍으로 존재함으로써 확인된다. 아무래도 디락의 방정식이 정말 옳고, 모든 입자는 반입자 짝을 가지는 모양이다. 그러면 전자 다음으로 흔한 입자인 양성자에도 반입자라는 짝이 존재할 것이다.

그러면 반양성자는 어떻게 볼 수 있을까? 반양성자를 발견하기 위해서는 먼저 반양성자가 나타나야 할 것이다. 그때까지 반양성자는 어떤 실험에서도 발견되지 않았다. 우주선 실험에서든 가속기 실험에서든 마찬가지였다. 반입자란 정확히 말해 입자의 모든 고유한 양자역학적 성질이 반대면서 질량은 똑같은 입자다. 따라서 입자와 반입자가 만나면 모든 양자 수가 상쇄되어 사라지고, 다만 입자의 질량에 해당하는 에너지만 남는다. 이 에너지는 바로 $E=mc^2$에 해당하는 에너지다. 거꾸로 말하면 입자와 반입자의 질량의 합, 즉 입자의 질량의 2배가 넘는 에너지가 있으면 입자-반입자 쌍이 만들어질 수 있다. 바로 이것이 그때까지 전자와 뮤온과 파이온의 반입자는 볼 수 있었지만 양성자의 반입자는 볼 수 없었던 이유다. 양성자는 다른 입자들보다 훨씬 더 무거운 것이다.

여기서 잠깐 입자의 질량을 비교해 보자. 그러기 위해서는 먼저 질량의 단위를 정해야 한다. 질량 단위의 표준은 킬로그램(㎏)이고, 이 킬로그램은 우리 주변에 있는 물체의 단위로 적당한 단위이다. 하지만 기본입자의 단위로 쓰기에는 적절하지 않다. 만약 킬로그램을 단위로 쓴다면 우리는 항상 10^{-27}, 즉 천조 분의 1의 다시 1조 분의 1과 같은 숫자를 달고 다녀야 하므로 불편하기 짝이 없는 일이다.

입자의 질량은 보통 에너지 단위를 이용해서 표시한다. $E=mc^2$에 의하면 질량은 E/c^2다. 에너지의 표준 단위는 '줄(J)' 이지만 물리학자들이 실제로 많이 쓰는 단위는 '전자볼트(eV)' 다. 전자볼트는 이름 그대로 전자 하나가 1볼트의 전위차에 의해서 얻는 에너지다. 빛의 속도 c는 절대적인 상수이므로 아예 단위에 포함시킨다. 상대성 이론을 항상 전제하고 있는 입자물리학자들은 종종 c를 아예 생략해버리기도 한다. 그래서 이 단위로 쓰면 전자의 질량은 $0.510998928 \pm 0.000000011$ MeV/c^2 다. 전자볼트 앞의 M은 메가(Mega-)로 백만을 가리킨다. 자 이제 단위를 정했으니 크기를 비교해 보자. 뮤온의 질량은 $105.65836668 \pm 0.00000038$ MeV/c^2, 앞장에서 이야기한 중성 파이온의 질량은 134.9766 ± 0.0006 MeV/c^2다. 그런데 양성자의 질량은 938.272046 ± 0.000021 MeV/c^2이니 뮤온의 9배, 전자보다는 무려 1800배 이상 무겁다.

따라서 양성자-반양성자 쌍을 만들려면 양성자의 질량의 2배인 약 1,880 MeV의 에너지가 필요하다. 앞에서 중성 파이온을 만들 때 사용한 사이클로트론에서 가속시킨 양성자의 에너지가 330 MeV였으니 이 정도의 가속기로는 반양성자를 만들 수 없는 것이다. 게다가 양성자-반양성자 쌍의 질량이 1,880

MeV라고 해서 가속 에너지가 1,880 MeV만 필요한 것은 아니다. 가속된 양성자는 멈춰 있는 목표물에 충돌해 새로운 입자를 만들게 되는데, 멈춰 있던 입자가 날아가면서 에너지를 일부 가져가기 때문에 새로운 입자로 전환되는 에너지는 가속된 양성자 에너지의 일부에 불과하다. 계산에 의하면 양성자-반양성자 쌍을 만들기 위해 양성자를 약 6,200 MeV 이상으로 가속시켜야 한다. 1,000 MeV, 즉 10억 전자볼트는 '1기가 (Giga-)전자볼트'라 부르고 '1GeV'라고 쓴다.[5] 이제 기가전자볼트 에너지의 가속기가 필요하게 된 것이다.

싱크로트론

가속기는 발전을 거듭하고 있었다. 사이클로트론은 분명 놀라운 장치였으나 에너지가 높아짐에 따라 문제가 나타났다. 우선 드러나는 문제는 입자가 가속될수록 회전 반경이 급격히 커지기 때문에 기계가 엄청나게 커져야 한다는 점이었다. 사이클로트론은 전체가 일정한 크기의 자기장 속에 들어가 있어야 하므로 사이클로트론이 커지면 자석도 따라서 커져야 한다. 자석이 커지면 무게가 엄청나게 늘어나야 하고, 비용을 비롯해 여러 가지 문제가 생겨난다. 보다 중요하고 근본적인 문제는 한스 베테가 지적한 상대성 이론의 효과였다.

사이클로트론의 가장 큰 특징은 자기장이 일정하면 입자의 속도가 빨라지는 것과 회전 반경이 커지는 것이 상쇄되어 항상 일정한 각속도로 입자가 회전하고, 따라서 가속 전기장을 일정한 주파수로 바꿔준다는 것이다. 그런데 가속이 되어 입자의 속도가 어느 정도 이상 되면 상대성 이론의 효과로 입자가 무거워진다. 그러면 더 이상 입자의 회전 각속도가 일정하게 유지되지 않아 가속 장치의 주파수를 입자의 회전에 맞추어 계속 조정해 주어야 한다. 이렇게 가속기의 주파수, 혹은 자기장의 세기를 조정하는 가속기를 '싱크로사이클로트론(Synchrocyclotron)'이라고 한다. 1950년대에 접어들 무렵 로렌스 버클리 연구소는 184인치(지름 약 4.6m) 싱크로사이클로트론을 보유하고 있었다. 이 기계는 사이클로트론 기술로 도달할 수 있는 거의 한계에 가까운 가속기였으나 기가전자볼트 에너지를 얻기에는 여전히 에너지 출력이 부족했다. 그런데 그때 막 새로운 기술이 탄생하고 있었다.

뛰어난 실험가였던 에드윈 맥밀런(Edwin Mattison McMillan)은 초기 방사선 연구소의 스타 과학자였다. 캘리포니아 출신인 맥밀런은 프린스턴에서 학위를 받고, 로렌스 연구소가 방사선 연구소라는 이름으로 설립되던 1934년 버클리로 와서 합류했다. 맥밀런은 연구소의 사이클로트론을 이용해 우라늄보다 무거운 93번 원소를 최초로 만들고 이 원소에 '넵투늄(neptunium)'이라는 이름을 붙였다. 우라늄의 이름이 천왕성(Uranus)에서 따온 것이므로 다음 원소의 이름을 해왕성(Neptune)에서 가져온 것이다. 쉽게 예상되듯 그 다음 원소는 명왕성(Pluto)의 이름을 딴 '플루토늄(plutonium)'이다. 플루토늄은 맥밀런이 전쟁 연구에 차

35

출된 동안 그의 연구실에서 후배인 글렌 시보그(Glenn T. Seaborg) 가 발견했다.

제2차 세계대전 동안 MIT에서 레이더 연구를 했던 맥밀런 은 전쟁이 끝난 후 다시 방사선 연구소로 돌아왔다. 1945년 맥 밀런은 사이클로트론을 획기적으로 개선시킨 새로운 가속기를 만들었다. 이 새로운 가속기에서 입자는 에너지 펄스의 형태로 가속되며, 입자를 조종하는 자기장은 전적으로 입자의 움직임 에 연동해 변하면서 입자가 일정한 궤도를 따라서 움직이도록 한다. 동시에 입자의 움직임에 연동하는 가속장치가 입자를 반 복해서 가속시킨다.[6] 사실 이 가속기의 개념은 1943년 영국 버밍험 대학의 마크 올리펀트(Mark Oliphant)의 메모 속에서 처 음 발견되며[7] 1944년에는 소련의 벡슬러(Vladimir Veksler)가 이 에 대한 논문을 소련 과학 아카데미에 발표한 바 있다.[8] 그러 나 맥밀런은 벡슬러의 논문을 알지 못했고, 독자적으로 첫 전 자 싱크로트론을 건설한 것이다. 싱크로트론에서는 자기장과 가속 전기장이 별개로 작동하므로 원리적으로는 반복 가속함 으로써 입자를 원하는 만큼 높은 에너지까지 가속시킬 수 있 다. 이로써 상대성 이론이 적용되는 빠른 속도에서도 입자를 가속시킬 수 있게 되었고, 나아가 오늘날의 거대 가속기로 향 한 문이 열렸다.

맥밀런은 1951년 '초우라늄 원소의 화학을 발견한 공로'로 글렌 시보그와 함께 노벨 화학상을 수상했으며 1958년 로렌스 사후에는 방사선 연구소의 소장을 맡았다. 또 1963년에는 벡슬러와 함께 싱크로트론을 발명한 공로로 '평화를 위한 원자상(The Atom for Peace Award)'을 받기도 했다.

반양성자를 발견하기 위한 거대한 싱크로트론 프로젝트는 1948년에 시작되었다. 이 가속기는 양성자를 10억 전자볼트 이상으로 가속시키는 최초의 기계라는 의미로 '베바트론(Bevatron)'이라는 이름이 붙었다(그러나 실제로는 미국 롱 아일랜드에 위치한 브룩헤이븐 연구소Brookhaven National Laboratory의 '코스모트론Cosmotron'이 먼저 완성되어 최초로 10억 전자볼트가 넘는 출력을 냈다. 코스모트론의 출력은 약 3GeV였다). 베바트론은 1954년 완성되었다. 드디어 반양성자를 찾아야 할 때가 되었다.

반양성자의 발견

에밀리오 세그레(Emilio Segrè)는 이탈리아 로마 근처의 티볼리에서 태어나 로마 대학에서 엔리코 페르미의 지도 아래 공부했다. 세그레는 이탈리아의 팔레르모 대학 교수로 재직하면서 그때까지 아무도 발견하지 못해 주기율표에 비어있던 자리인 43번 원소를 발견하고 '테크네튬(Technetium)'이라 이름 붙였다. 테크네튬은 인공적으로 만들어진 첫 번째 원소다.

세그레가 테크네튬을 발견한 것은 사이클로트론 실험에서 나온 몰리브덴 시료를 로렌스로부터 받아 분석한 결과였다. 1938년에도 세그레는 로렌스의 방사선 연구소를 방문했다. 그런데 세그레가 미국에 있는 동안 이탈리아에서는 무솔리

니가 반유태인 법을 제정해 모든 대학에서 유태인을 해고해 버렸다. 세그레는 창졸간에 난민 신세가 되었으나 다행히 로렌스가 자신의 방사선 연구소에 연구원으로 채용을 해주어 일단 한숨을 돌렸다. 그러나 로렌스가 제공한 자리는 월급 300달러의 그다지 좋지 않은 자리였다. 적어도 테크네튬을 발견한 과학자에게 합당한 대우는 아니었다. 게다가 세그레가 난민 신세라 다른 곳으로 옮길 수 없다는 사실을 알자 로렌스는 다시 월급을 116달러로 깎는 만행을 저질렀다. 이탈리아에서 가족까지 불러온 세그레는 굴욕을 견뎌낼 수밖에 없었다. 1942년까지 방사선 연구소의 연구원으로, 버클리 대학의 강사로 지내던 세그레는 1943년부터 로스 알라모스에서 '맨해튼 프로젝트(Manhattan Project)'에 참가했고, 1944년에는 미국 시민권을 획득했다. 맨해튼 프로젝트가 끝나자 세그레에게는 유수의 대학들이 손짓을 해왔다. 그러나 세그레는 버클리로 돌아가기로 결정한다. 물론 이번에는 정교수가 되어 가는 것이었다.

오언 체임벌린(Owen Chamberlain)은 버클리에서 세그레의 제자로 공부하던 중 맨해튼 프로젝트에 참여했고, 거기서도 세그레와 같이 일했다. 그리고 전쟁이 끝난 후 시카고 대학에서 엔리코 페르미의 지도를 받으며 박사과정을 공부했다. 1948년 체임벌린은 박사학위를 받으면 교수로 승진하는 조건으로 버클리 대학에 돌아와 다시 세그레와 함께 연구팀을 이뤘다.

베바트론에서 반양성자를 찾는 일이 제1의 목표였으므로 베바트론이 가동되기 전 이미 버클리의 여러 연구팀이 각각의 방법으로 반양성자 탐색계획을 세웠다. 반양성자를 찾는 일은 베바트론에서 가속된 양성자가 표적에 충돌한 결과를 분석해 양성자와 질량은 같고 전하가 반대인 입자의 흔적을 찾는 일이다. 세그레-체임벌린 팀이 택한 것은 체렌코프 검출기(Čerenkov detector)를 이용해 입자가 날아간 시간을 측정하고 이로부터 입자의 속도를 알아내 질량을 구하는 것이었다. 8월에 실험이 시작되자 곧 반양성자가 나타났음을 보여주는 데이터가 나타났다. 첫 번째 실험은 길지 않았지만 반양성자를 확인하는 데는 충분했다. 반양성자 발견을 보고하는 세그레 팀의 논문은 미국 물리학회지인 「Physical Review」 11월호에 게재되었다.[9] 이 업적으로 세그레와 체임벌린은 1959년 노벨 물리학상을 수상했다.

반양성자를 찾는 일은 목표와 방법, 증거가 너무나 뚜렷해 발견 그 자체에는 논란의 여지가 없었다. 검출기에서 반양성자를 확인하는 일도 아주 쉽고 명확하다. 반양성자는 양성자와 질량이 같고 전하가 반대이면서 양성자와 쌍으로 생성된다. 따라서 양성자를 검출하는 것과 똑같은 방법으로 양성자와 함께 생성되면서 반대 방향으로 휘어진 입자를 찾으면 된다. 실험이 시작되고 반양성자가 발견되고 논문으로 발표되기까지의 과정도 물 흐르듯 급속도로 진행되어 8월에 실험이 시작되었는데 그해 10월 이미 논문이 완성되어 10월 24일자로 투고, 11월에 곧바로 게재되었다. 문제는 노벨상에 있었다. 논문의 저자는 체임벌린, 세그레, 위건드(Clyde Wiegand), 입실란티스(Thomas

(왼쪽부터) 세그레, 위건드, 에드워드 로렌츠, 체임벌린, 입실란티스

Ypsilantis) 이렇게 모두 네 사람이었는데, 이 중 위건드는 체임벌린과 함께 로스 알라모스 시절 이전부터 버클리에서 세그레의 제자였다. 이후에도 뛰어난 실험가이자 발명가로 널리 알려진 위건드는 이 실험에서도 구체적인 실험의 각 단계에서 핵심적인 역할을 했던 것으로 알려져 있다. 주변의 많은 사람들이 위건드도 노벨상을 받아야 한다고 생각했고, 세그레와 체임벌린도 실험의 성공에 있어 위건드의 역할이 결정적으로 중요했다고 인정했지만 위건드는 노벨상 수상에서 제외되었다. 그리고 늘 그렇듯 노벨위원회는 별다른 설명을 해주지 않았다.

1974년 세그레는 버클리를 떠나 로마 대학의 교수로 돌아왔다. 버클리에서 그랬듯 이 또한 금의환향이라 할 만 했다. 세그레는 뛰어난 물리학자로서 뿐만 아니라 과학사가(科學史家)로서도 활약했으며 사진에도 많은 관심을 보여 현대 과학의 중요한 순간을 담은 많은 사진을 남겼다. 미국 물리연구소 (American Institute of Physics)의 물리학 역사 기록보관소는 그의 이름을 따 'Emilio Segre Visual Archive'로 명명되었다. 세그레는 84세를 일기로 사망했다.

반양성자는 다음 일곱 번째 장에 등장하는 'W와 Z 보존을 찾는 실험'에서 다시 중요한 역할을 맡게 된다. 그 이야기가 시작되려면 20년 이상 더 지나야 하므로 잠시 기다리기로 하고, 우선 1960년대로 가보도록 하자.

오메가 바리온

무엇이 기본입자인가?

양성자는 기본입자인가? 이 질문에 대답하는 방법은 간단
하다. 양성자를 깨보면 안다. 양성자가 깨지고·다른 입자가 나
온다면 양성자는 더 이상 기본입자가 아닐 것이고, 아무리 해
도 깨지지 않는다면 기본입자일 것이다. 단 후자를 증명하는
일은 쉽지 않다.

로렌스 버클리 연구소의 베바트론, 브룩헤이븐 국립 연
구소의 코스모트론을 필두로 하는 1950년대의 가속기부
터 1960년대 CERN의 PS(Proton Synchrotron)와 브룩헤이븐의
AGS(Alternating Gradient Synchrotron) 등에서 벌어진 가속기 실험

은 어떤 의미에서 양성자를 깨보려는 실험이었다. 양성자를 깨면 무엇이 나올까? 이를 알아보기 위해 가속된 양성자를 표적에 충돌시키면 마치 양성자 속에서 나온 것처럼 새로운 입자가 튀어나오곤 했다. 그런데 참 난감한 것은 여전히 양성자도 다시 튀어나온다는 것이다. 양성자가 정말 깨진 것일까?

양성자를 높은 에너지로 가속시켜 충돌시킬 때 마치 양성자 속에서 나온 것처럼 튀어나오는 입자들은 1960년대까지 크게 양성자보다 가벼운 입자와 무거운 입자로 나눌 수 있었다. 양성자보다 가벼운 입자들을 '메존(meson), 양성자, 중성자'라 부르고, 그보다 무거운 입자들을 '바리온(baryon)'이라 부른다. 처음 발견된 메존인 파이온에 대해서는 앞에서 언급한 바 있다. 원래 '메존'이란 말은 질량이 전자와 양성자 중간에 있다는 뜻으로 중간을 나타내는 그리스어 'mesos'에서 온 말이고, '바리온'이라는 말은 무겁다는 뜻의 그리스어 'barys'에서 온 말이다. 이와는 별개로 전자와 같은 입자는 가볍다는 뜻의 'leptos'에서 온 말인 '렙톤(lepton)'이라고 부른다.

어원에 따라 이들을 각각 중간자(中間子), 중입자(重粒子), 경입자(輕粒子)로 부르기도 한다. 그러나 나중에 하드론(hardron)의 구조를 이해하고 더 무거운 쿼크(quark)와 렙톤이 발견되면서 본래의 뜻과는 거리가 멀어졌다. 그러니까 '중입자보다 무거운 경입자'가 존재하는 것이다. 이런 혼란을 피하기 위해 여기서는 이들을 그냥 메존, 바리온, 렙톤이라 부르기로 한다. 메존과 바리온의 정확한 의미는 '스핀'이라는 양자역학적 성질에 의해 정의

된다.

 메존과 바리온은 모두 양성자와 강한 핵력을 통해 상호작용하는 입자들이므로 이들을 합쳐 '단단하다, 두껍다'는 뜻을 가진 그리스어 'hadrós'에서 나온 말인 '하드론'이라 부른다. 그런데 가속기 실험에서 나오는 하드론은 하루가 다르게 새로운 종류가 발견되었다. 이런 입자들이 다 기본입자일까? 이들이 양성자를 이루고 있는 걸까? 원자의 구조를 이해하기 시작한지 얼마 되지도 않았는데, 입자들의 세계는 온통 수수께끼 같았다.

하드론이 보여주는 패턴

 그러나 그 와중에도 하드론들의 배후 구조가 조금씩 드러나기 시작했다. 1960년대 초 몇몇 이론물리학자들은 하드론을 분류하는 데 있어 수학의 '군(群, group)'이라는 구조가 놀랍도록 잘 들어맞는다는 사실을 발견했다. 하드론들이 보이는 복잡한 규칙성과 패턴이 이미 19세기 수학자들이 체계적으로 확립해 놓은 구조와 일치하는 것이다. 이 구조는 더 근본적인 이론으로부터 유도되는 것이 아니라, 그 자체가 하드론의 대칭성을 이룬다. 미국의 머레이 겔만(Murrey Gell-mann)과 이스라엘 출신으로 영국에서 공부하던 유발 네만(Yuval Ne'eman)은 'SU(3)'이라는 수학적 구조가 바로 하드론을 분류할 때 나타나는 구조라는 것을 간파하고, 이를 체계화시키는 데 힘썼다.

 스핀이라는 양자역학적 성질이 같은 입자들끼리는 SU(3) 구

머레이 겔만

조 안에서 비슷하고 규칙적인 성질을 가지는 무리를 만든다. 스핀이 0인 메존들 중 가장 가벼운 8개가 모여 하나의 무리를 이루고, 스핀이 1/2인 바리온들 중 가벼운 8개가 역시 무리를 이룬다. 박학다식한 겔만은 불교 수행법 중 하나에서 이름을 빌려와 이 원리를 '팔정도(八正道, The Eightfold Way)'라 불렀다. SU(3) 군을 수학적으로 표현하면 3중 상태, 8중 상태, 10중 상태, 27중 상태가 존재한다. 메존과 바리온이 각각 8개씩 모여 이루는 무리는 이 중에서 SU(3) 군의 8중 상태인 것이다. 같은 무리에 속한 입자들끼리는 전하, 기묘도(strangeness), 아이소스핀(isospin) 등과 같은 양자역학적인 성질들이 일정한 관계를 유지한다. 원자의 스펙트럼을 분류하고 그 패턴을 이해한 것을 기반으로 양자역학이 탄생한 것처럼 하드론을 분류하고, 그 구조를 이해하면 기본입자들을 지배하는 법칙을 찾을 수 있지 않을까? 이것이 1960년대 내내 많은 물리학자들의 꿈이었다.

겔만과 네만은 각각 미국과 영국에서 서로의 존재를 알지 못한 채 하드론을 SU(3) 대칭성으로 분류하는 방법에 대해 연구해 놀랍게도 일치하는 결과를 얻었다. 네만이 1961년 발표한

유발 네만

논문 「게이지 불변성으로부터 강한 상호작용의 유도(Derivation of strong interactions from a gauge invariance)」[10]의 마지막 부분에는 논문을 완성할 즈음 겔만 논문의 배포본(preprint)을 받아보았다고 쓰여 있다.[11] 그러니까 두 사람은 거의 같은 시기에 같은 주제의 논문을 쓰고 있었던 것이다. 실제 논문이 출판된 것은 네만의 논문이 먼저였다. 글쓰기에 장애를 가지고 있어 논문을 작성하는 데 어려움을 겪은 겔만이 논문 출판 단계에서 시간을 끌었기 때문이다.[12]

1962년 여름 CERN에서 열린 로체스터 학회에서 겔만과 네만은 처음 만났다. 그들은 곧 의기투합해 이후에도 계속 교류하게 된다. 특히 이 학회에서 겔만과 네만은 스핀이 3/2인 바리온들이 SU(3)의 구조에 의하면 10중 상태를 이루어야 한다는 점에 주목했다. 그때까지 발견된 9개의 바리온은 10중 상태의 아홉 자리에 잘 들어맞았으므로 10중 상태를 완성하기 위해서는 하나의 입자가 더 존재해야 했다. 10중 상태를 이루는 입자들 사이에도 역시 전하와 기묘도, 아이소스핀의 일정한 관계가 있기 때문에 미지의 입자의 양자역학적 성질을 유추할 수 있고, 그로부터 입자의 붕괴방법과 질량도 예측할 수 있다. 겔만과 네만은 독립적으로 이 사실을 밝혀냈다. 학회에서 먼저 발표할 기회를 얻은 겔만은 전하가 (-1)이고 기묘도가 3인 입자가 존재할 것임을 예측하면서 '오메가(-)'라는 이름을 붙였다.

최고의 가속기, 최대의 검출기

겔만과 네만은 로체스터 학회에서 만나 점심을 같이 하면서 미국 브룩헤이븐 연구소에서 온 실험학자 사미오스(Nicholas Samios)를 만났다. 그리스 출신인 사미오스는 에게 해의 작은 섬인 카이테라에서 김나지움을 마치고 미국으로 건너와 물리학을 공부했다. 컬럼비아 대학에서 학사와 박사학위를 받고난 뒤 사미오스는 1959년부터 브룩헤이븐 연구소에 재직하고 있었다. 1962년 겔만과 네만을 만났을 때 사미오스는 연구소에 갓 들어온 의욕 넘치는 젊은 조교수였다. 그는 새로운 입자의 존재를 예측하는 겔만과 네만의 이론에 흥미를 가졌다. 겔만은 사미오스에게 실험을 통해 오메가(-)를 찾을 것을 제안했고, 사미오스는 겔만, 네만과 함께 어떻게 오메가(-)를 찾을 것인가를 토론했다.

당시 브룩헤이븐 연구소가 보유하고 있던 가속기는 역사상 가장 생산적인 가속기였다고 불리는 AGS였다. AGS는 1960년 7월 양성자를 33 GeV까지 가속시키는 데 성공한 당대 최고의 가속기였다. AGS의 이름은 이 가속기에 적용된 신기술인

'Alternating Gradient' 방법, 다른 이름으로는 '강한 집중(strong focusing)'이라는 기술에서 딴 것이다. 이 방법은 자기장을 빔의 진행 방향에 수직인 두 방향으로 교대로 걸어주어 가속되면서 빔이 흐트러지는 것을 막는 방법이다. 강한 집중은 가속기 역사에 커다란 획을 그은 기술로써 그때까지 사람들이 생각하고 있던 가속 에너지의 한계를 없애주었다. 이 기술은 브룩헤이븐 연구소에서 개발되었는데, 기술을 배워간 유럽의 과학자들이 CERN의 PS 가속기를 몇 달 먼저 완성시키는 바람에 '강한 집중 기술이 적용된 최초의 가속기'라는 타이틀은 PS에게 넘겨주었다. 그러나 AGS는 더 높은 충돌에너지를 내는 당대 최고의 가속기로 1970년대까지 중요한 결과를 무수히 많이 내놓았다. AGS 가속기에서 나온 결과만으로 세 차례의 노벨상이 주어졌으며 그 밖에도 많은 중요한 발견을 이루어냈다.

가속된 입자가 표적에 충돌하면 많은 입자가 나타난다. 대부분의 입자는 순식간에 다른 입자로 붕괴해 버리는데, 이와 같은 흔적을 기록하는 장치가 검출기다. 이전의 검출기는 과포화된 안개를 상자 속에 채운 뒤 입자가 지나가면서 안개를 이룬 분자들을 이온화시켜 흔적을 남기게 하는 안개상자였다. 검출기에 남은 흔적은 사진으로 찍어 분석하게 된다. 그러나 가속기의 출력이 높아지고 입자의 수가 많아짐에 따라 안개상자로는 분석하기가 점점 어려워졌다. 안개상자를 대체한 검출기는 안개 대신 과열된 투명한 액체를 이용하는 거품상자다. 거품상자에서는 액체의 밀도가 높기 때문에 더 많은 궤적을 더 정밀하게 기록할 수 있다. 매질로는 액체수소가 가장 흔히 이용되며 더 정밀한 측정을 위해 밀도가 높은 프레온 등 다른 물질을 이용하기도 한다.

1959년 브룩헤이븐 연구소의 과학자들과 기술자들은 AGS에서 사용하기 위해 커다란 거품상자를 설계했다. 크기가 2m에 달하는 이 거품상자에 가득 찬 약 900ℓ의 액체수소는 31톤의 자석에 둘러싸여 0.03초에 한 번씩 120kg의 피스톤으로 압축되고 입자의 궤적을 기록해 사진으로 찍는다. 1963년 여름에 완성된 이 검출장치는 당시 최대 크기의 검출기로 한 달에 약 2만 5천 장의 사진을 얻을 수 있었다. 이 최고의 가속기와 최대의 검출장치를 가지고 사미오스 팀은 겔만이 예언한 입자를 찾기 시작했다.

오메가 바리온의 발견

겔만이 예측한 오메가 바리온의 질량은 1680 MeV/c^{2}으로 AGS로 충분히 만들어 낼 수 있는 질량이었다. 그러나 사실 그 입자가 존재한다는 증거는 세상에 단 한 번도 나타난 적이 없다. 사미오스는 아무런 실마리도 없이 순수하게 이론의 안내만을 받아 미지의 입자를 찾는 것이다. 실험이 시작된 뒤 한동안은 아무 결과도 나오지 않았다. 5만 장이 넘는 사진을 검토해도 겔만이 예측한 것과 같은 흔적은 나타나지 않았다. 이 소식을 들은 겔만은 초조해했다. 겔만의 초청으로 캘리포니아 공과

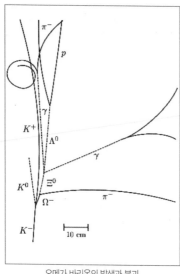

오메가 바리온의 발생과 붕괴.
사미오스의 실험에서 얻은 사진을
분석한 그림이다.

대학을 방문 중이던 네만도 겔만과 함께 이 문제를 논의했다. 겔만은 네만에게 일본에 여행을 갈 예정인데 같이 후지산에서 뛰어내려 창피함을 씻자고 농담했다. 네만은 물리학에서 실패할 경우 자신은 군대로 돌아가면 된다고 대답했다.

겔만과 네만이 전전긍긍하던 1964년 1월, 마침내 사미오스는 눈에 띄는 흔적을 발견했다. 양성자가 표적에 충돌해 만들어진 케이 메존이 액체수소의 양성자와 충돌해 벌어진 과정으로 보이는 이 사진에서, 만들어진 입자들의 각도를 주의 깊게 측정하고 에너지와 운동량을 계산하자 마침내 겔만이 예언한 값의 입자가 나타났다. 이 흔적이 말해주는 것은 케이 메존(-)가 양성자와 충돌해 중성의 케이 메존, 케이 메존(+), 그리고 오메가(-)가 나타났다는 것이었다. 오메가(-)는 곧 크사이(xi particle)라는 다른 바리온과 (-)의 파이온으로 붕괴되었다.

오메가(-)를 발견했음을 보고하는 사미오스의 논문은 1964

년 2월에 발표되었다. 이 논문에서 사미오스 그룹은 약 10만 장의 사진을 검토해 새로운 입자를 발견했다고 밝히고, 오메가 (-)의 질량은 약 1686 MeV/c² 로 측정되었다고 보고했다.[13] 아무런 실마리도 없던 미지 입자의 존재를 오로지 대칭성에서 비롯된 이론의 힘으로 정확하게 예언했음이 확인된 것이다. 이는 팔정도, 즉 SU(3) 이론의 성공을 알리는 결정적인 증거였다. 이론의 도움이 없었다면 사미오스가 얻은 사진에서 오메가(-)를 발견하는 것은 불가능했을 것이다. 겔만과 네만은 모든 물리학자들이 혼란 속에 있을 때 복잡한 자연 현상 속에서 제대로 된 패턴을 찾아낸 것이다. 오메가(-)는 이후 브룩헤이븐의 다른 그룹과 CERN의 가속기에서도 확인되었다.

사미오스는 1959년부터 줄곧 브룩헤이븐 연구소에 재직하면서 오메가(-) 입자 외에 파이(phi) 메존을 발견하는 등 물리학에서 많은 업적을 남겼다. 사미오스는 1982년부터 1997년까지 브룩헤이븐 연구소 소장을 지냈으며 1997년에는 연구소의 석좌교수가 되었고, 일본 이화학연구소와 브룩헤이븐 연구소가 공동으로 설립한 이화학연구소/브룩헤이븐연구소 공동연구센터의 소장을 지내기도 했다. 사미오스는 또 2000년대 브룩헤이븐 연구소 최대의 사업이며 당시 세계에서 가장 큰 원자핵 충돌실험인 '상대론적 무거운 핵 충돌장치(RHIC: Relativistic Heavy Ion Collider)'를 건설하는 주역으로 활약했다. 네만은 후에 이스라엘에서 텔아비브 대학교의 물리학과를 설립하고 이스라엘 과학기술부 장관을 지냈다.

겔만은 오메가 바리온이 발견되었을 때 이미 팔정도를 넘어서는 더 근본적인 존재의 가능성을 탐구하고 있었다. 그것은 SU(3) 대칭성의 가장 근본적인 형태인 삼중상태로 존재하는 입자, 만일 존재한다면 모든 메존과 바리온의 근원이 될 입자였다. 이미 겔만은 그 입자에 관한 논문을 완성했다. 근본적인 삼중상태의 아이디어를 담은 겔만의 논문은 오메가(-)가 발견된 바로 다음날 출판되었다. 이 논문에서 가장 근본적인 존재가 될 그 입자에 겔만이 붙인 이름은 '쿼크'였다.

참 쿼크

새로운 검출기

1974년에도 브룩헤이븐 연구소의 AGS 가속기는 여전히 세계에서 가장 훌륭한 가속기였지만, 검출기 분야에서는 주목할만한 변화가 있었다. 1968년 CERN의 조르주 샤르파크(Georges Charpak)가 '다중선 비례검출기(MWPC: Multi-Wire Proportional Chamber)'를 발명하였다. '선 검출기(wire chamber)'란 거품상자의 매질 대신 기체를 채운 금속 튜브 다발을 이용해 입자의 궤적으로 파악하는 검출기다. 전기를 띤 입자가 지나가면 튜브 내부의 기체가 입자에 의해 이온화되고, 그 전기는 금속 튜브를 통해 전달된다. 전류를 분석하면 입자가 튜브의 어느 위치를

53

지나갔는지 파악할 수 있다.

샤르파크의 다중선 비례검출기는 초당 1000개 이상의 궤적을 기록할 수 있었고, 데이터가 전기 신호로 입력되므로 과학자들이 컴퓨터로 데이터를 분석하게 되었다. 사미오스의 거품상자가 초당 30장의 사진을 찍고, 사진을 현상하고 인화한 후에야 분석할 수 있었다는 점을 생각해 보면 다중선 비례검출기의 위력을 짐작할 수 있다. 다중선 비례검출기의 검출속도와 정밀도는 입자물리학 실험 기술에 중요한 혁명이었다. 샤르파크는 '전기를 띤 물질을 검출하는 기술에 전기를 이룬 입자 검출기, 특히 다중선 비례검출기의 발명 및 개발에 관한 공로'로 1992년 노벨 물리학상을 수상했고, 오랜 세월 CERN을 대표하는 가속기 과학자였다. 샤르파크는 LHC가 가동되는 것을 보고난 뒤 2010년 가을 사망했다. 다중선 비례검출기는 오늘날 생물학 및 의학 연구 분야에도 널리 응용되어 방사선이나 입자 빔을 이용하는 의료 진단 장치에 사용된다.

1974년 AGS에서 실험하는 MIT의 물리학자들이 사용하는 검출기도 역시 다중선 비례검출기였다. 그들은 AGS에서 만들어진 양성자 빔을 금속 베릴륨 타깃에 충돌시키는 실험을 하는 중이었다. 그런데 여름이 물러갈 무렵 이들 사이에 긴장감이 감돌기 시작했다.

동시에 입자가 발견되다.

분위기가 달라진 것은 다중선 비례검출기를 통해 기록한 수많은 데이터 중 전자-양전자 쌍의 에너지 분포를 관찰하자 약 3.1 GeV 근처에서 급격하게 분포가 치솟아 날카로운 피크 모양을 보여주었기 때문이다. 이렇게 특정 에너지에서 피크가 나온다는 것은 그 에너지에 해당하는 질량을 가진 입자가 순간적으로 만들어졌다가 붕괴했음을 의미한다. 그런데 3.1 GeV라는 질량은 그때까지 알려진 어떤 입자의 질량보다도 큰 값으로 양성자의 질량의 무려 3배나 된다. 이는 이 입자가 지금까지 발견되지 않았던 새로운 입자라는 것을 의미한다.

MIT 교수이며 실험 그룹의 리더였던 중국 출신의 새뮤얼 팅(Samuel C. C. Ting)은 실험 결과를 신중하게 검토한 뒤 마침내 새로운 입자를 발견했다고 결론을 내렸다. 그는 이 입자를 'J'라고 불렀는데, 그의 한자 성인 '丁(Ting)'자와 닮은 알파벳을 택한 것이라는 이야기가 있지만 정작 팅 본인은 이를 완강히 부정한다.

같은 해 11월 10일 미국의 반대쪽인 스탠퍼드의 선형가속기 연구소(SLAC: Stanforn Linear Accelerator Center)에서는 버튼 리히터(Burton Richter)가 이끄는 팀이 전자와 양전자를 충돌시키는 실험을 하고 있었다. 이들이 사용하는 가속기는 매우 다른 것이었다. 연구소의 이름처럼 SLAC는 전자를 가속시키기 위한 선형가속기를 추구해왔고, 무려 3km 길이의 선형 가속기를 보

참 쿼크를 발견한 ▲팅과 ▼리히터

유하고 있었다. 선형 가속기에서 나란히 가속된 전자와 양전자는 'SPEAR(Stanford Positron Electron Asymmetric Rings)'라고 불리는 원형가속기로 들어가 반대방향으로 회전한 후 충돌한다. 이날 아침 스탠퍼드 연구진들 사이에서 갑자기 놀라움의 탄성이 솟았다. SPEAR에서 전자-양전자의 충돌에너지가 3.1 GeV에 이르자 급격히 충돌이 증가했기 때문이다. 이 또한 3.1 GeV의 질량을 가진 새로운 입자가 나타났음을 알리는 신호였다. 전자-양전자 충돌실험은 양성자를 충돌시킬 때와는 달리 충돌 사건 하나하나를 정확히 분석할 수 있으므로 훨씬 적은 데이터를 가지고도 결과를 얻을 수 있다. 리히터는 바로 그날 오후 새로운 입자를 발견했음을 알리는 논문을 쓰기 시작했다. 논문에서 리히터는 이 입자를 'ψ(프사이)'라고 불렀는데 입자의 붕괴 모습이 ψ의 모양과 닮았기 때문이라 한다.

SLAC의 소장 파노프스키(Wolfgang Kurt Hermann Panofsky)가 주재한 회의에서 리히터와 팅은 그들이 발견한 입자를 발표하고 나서 깜짝 놀랐다. 놀랍게도 두 사람이 발견한 입자는 모든 성질이 일치한 것이다. 팅의 실험은 양성자를 가속시켜 원자핵에 충돌시키는 실험이고, 리히터의 실험은 가속시킨 전자와 양전자가 정면충돌하는 전혀 다른 실험이었다. 미국의 반대쪽에서 전혀 다른 방식으로 같은 입자를 거의 동시에 발견한 것이다. 두 논문은 미국 물리학회지인 「피지컬 리뷰 레터스(Physical Review Letters)」에 나란히 발표되었으며[14] 두 사람은 이 업적으로 1976년 노벨 물리학상을 함께 수상했다.

겔만과 네만의 경우에도 그랬지만 다른 두 사람이 거의 동시에 같은 업적을 이루는 경우는 얼마든지 존재한다. 그런데 이번 경우에는 입자의 이름에 대해 누구도 우선권을 주장하기 힘들었다. 타협도 결렬되었다. 결국 이 입자의 이름은 팅의 이름과 리히터의 이름을 나란히 써서 'J/ψ'로 정해졌다. 이런 기묘한 이름을 가진 입자는 그 외에는 없다.

모든 것이 맞아 들어간다.

앞장의 마지막에서 잠시 언급했던 겔만의 쿼크 모형은 1968년 SLAC의 선형가속기에서 전자로 양성자의 내부를 관측하는 실험을 하면서 차츰 확인되어 갔다. 비록 쿼크를 직접 확인할 수는 없지만, 양성자도 더 이상 기본입자가 아니며 내부에 무언가 구조를 가지고 있다는 것은 점점 확실해졌다.[15]

자세한 연구 결과 J/ψ는 메존으로 밝혀졌다. 쿼크 모형에 의하면 메존은 쿼크와 쿼크의 반입자인 반쿼크가 강한 상호작용으로 뭉쳐있는 상태다. 그런데 양성자보다 세 배나 무거운 메존이라면 쿼크의 질량이 양성자의 질량보다 훨씬 무거워야 한다. 이는 새로운 쿼크의 존재를 의미했다. 겔만은 당시까지 알려진 입자들을 만들기 위해서는 모두 세 종류의 쿼크가 필요하다고 제안했는데, 이제 네 번째 쿼크가 나타난 것이다.

그런데 네 번째 쿼크의 존재는 사실 엄청난 의미를 가지고 있었다. 그것은 다음 장에서 자세히 다루게 될 전자기력과 약한 핵력을 통합하는 스티븐 와인버그(Steven Weinberg)의 이론, 겔만의 쿼크 모형이 함께 어울릴 수 있다는 것이다. 게다가 단순히 쿼크를 와인버그 모형에 끼워 맞출 때 나타나는 반응, 즉 입자의 종류가 변하는 중성의 약한 핵력 반응이 실험적으로 존재하지 않는 것으로 확인되었는데 이 문제를 해결하기 위해서는 네 번째 쿼크가 필요하다는 사실을 하버드 대학의 셸던 글래쇼(Sheldon Glashow)와 그의 조수 일리오풀러스(John Iliopoulos), 마이아니(Luciano Maiani)가 함께 제안한 바 있었다. 다시 말해 네 번째 쿼크가 존재하면 와인버그 모형이 모든 렙톤과 쿼크에 대해 자연스럽게 완성이 되는 것이다. 마치 퍼즐을 맞춰가다 마지막이 가까워지면 그동안 보이지 않던 패턴이 다 이해되면서 모든 조각이 맞아 들어가는 것과 비슷했다. 입자물리학자들은 열광했다.

이는 입자물리학의 '표준모형(The Standard Model of the particle physics)'이 마침내 그 모습을 드러내는 순간이었다. 그래서 팅과 리히터의 발견을 흔히 레닌에 빗대어 입자물리학의 '11월 혁명

(November revolution)'이라 부른다. 와인버그 모형이 양자론적으로 옳다는 것을 증명해 1999년 노벨 물리학상을 수상한 네덜란드의 토프트(Gerardus 't Hooft)는 이렇게 말했다.[16)]

내게 있어 '영광의 시절'은 1970년에서 1976년까지의 기간이다. 이 시기에 약한 상호작용, 전자기, 강한 상호작용이라는 퍼즐의 엄청나게 많은 조각들이 제자리를 찾았다. 1974년 J/ψ의 발견은 그 절정이었다. 그 발견 전에는 과연 우리가 올바른 약한 상호작용의 이론을 가지고 있는가, 혹은 우리가 생각하는 강한 상호작용의 이론이라는 것이 엄청나게 복잡하고 심오한 이론을 단순히 이상화시킨 것에 불과한 것은 아닐까 하는 의구심이 남아 있었다. 갑자기 우리는 두 이론이 모두 옳으며, 그것도 아주 구체적인 부분에 이르기까지 그렇다는 사실을 알게 되었다.

W와 Z

약한 핵력

이 세상에는 네 가지 힘, 정확히 말해 물질과 물질이 상호작용하는 근본적인 방식이 네 가지 존재한다. 그중 우리가 일상생활에서 느낄 수 있는 힘은 중력과 전자기력이다. 중력은 말할 필요도 없이 자리에서 일어나 살짝 뛰어보면 몸으로 느낄 수 있다. 자기력은 주변에 있는 자석으로부터 쉽게 관찰할 수 있다. 전기력은 전등이나 가전 도구로부터 그 존재를 확인할 수 있다. 사실 우리가 느끼는 전자기력은 그뿐만이 아니다. 우리가 물건을 만진다는 것은 물건의 원자와 내 손의 원자가 전자기력으로 접촉하는 일이다. 나아가 중력이 우리를 잡아당기고 있는 데도 우리가 지구 속으로 떨어지지 않고 땅 위에 서 있는 자체도 내 발의 원자와 땅을 이루는 원자가 전자기력으로 서로 밀고 있기 때문에 가능한 일이다. 결국 원자로 이루어진 물질에 작용하는 힘, 즉 우리가 실제로 느끼는 힘은 중력을 제외하면 다 전자기력이라 할 수 있다. 우리 눈에 보이는 모든 일이, 아니 우리가 눈으로 보는 일 자체까지도 모두 전자기력의 결과다.

이에 비해 다른 두 힘은 우리가 일상적으로 느끼기는 어렵다. 그중 강한 핵력은 양성자와 중성자가 원자핵을 이루는 힘이다. 조금 더 근본적인 관점에서 보면 쿼크가 양성자와 중성자를 이루는 힘이기도 하다. 그러니까 양성자와 중성자는 강한 핵력에 의해 입자를 이루고, 다시 그 강한 핵력에 의해 원자핵을 이루고 있는 것이다. 이는 마치 원자가 원자핵과 전자 사이의 전자기력에 의해 이루어져 있고, 다시 이들 원자끼리 전자기력에 의해 결합해 우리가 보는 물질을 이루는 것과 같다. 앞의 3장 '중성 파이온'에서도 이야기했지만 같은 (+)전기를 가진 양성자를 원자의 1만 분의 1 크기로 뭉쳐놓으면 그 전기적인 반발력은 엄청나다. 그러므로 우리가 직접 느끼지는 못하더라도 원자핵이 존재한다는 사실로부터 강한 핵력이 존재한다는 것을 쉽게 이해할 수 있다.

약한 핵력은 좀 더 느끼기 어렵다. 지구 위에서 우리가 관찰할 수 있는 약한 핵력 현상은 방사성 원자핵이 베타붕괴를 하는 현상 밖에 없다. 그 외에는 우주선이 대기권과 충돌해 만들어지는 파이온과 뮤온의 붕괴 현상 정도다. 그러나 우주 규모로 생각하면 약한 핵력은 대단히 중요한 역할을 하는 힘이다. 별들이 불타는 과정이 약한 상호작용을 통해 일어나는 일이기 때문이다. 태양이 빛나는 것도 바로 약한 핵력이 작용하는 과정이다. 그래서 태양 에너지로 살고 있는 우리는 사실 약한 핵력 현상의 결과로 살고 있다고 해도 과언이 아니다.

약한 핵력은 이탈리아의 엔리코 페르미가 1933년 원자핵의 베타붕괴를 설명하기 위해 만든 이론을 통해 오랫동안 묘사되어 왔다. 베타붕괴 뿐 아니라 파이온이나 뮤온의 붕괴 역시 페르미의 이론으로 잘 설명되었다. 약한 핵력에 의한 반응이 일어날 확률은 전자기적인 힘에 의한 반응이 일어날 확률의 백만분의 1에 불과하다. 그래서 약한 핵력이라는 이름이 붙게 되었다.

우리가 일상적으로 강한 핵력과 약한 핵력을 느낄 수 없는 이유는 이들 힘이 아주 작은 범위에서만 작용하기 때문이다. 강한 핵력이 작용하는 범위는 핵의 크기인 약 10조 분의 1센티미터에 불과하며 약한 핵력은 그보다 더 작은 약 1000조 분의 1센티미터 범위에서만 작용하기 때문에 우리가 경험하는 수 센티미터 이상의 스케일에서는 강한 핵력과 약한 핵력이 존재하지 않는다. 중력과 전자기력이 무한한 거리까지 작용하는 것을 생각하면 강한 핵력과 약한 핵력의 성질은 대단히 놀랍고 이해하기 어려운 일이었다.

게이지 이론

근본적인 힘을 이해하는 현대적인 방법은 두 입자가 힘을 전달하는 입자를 주고받는다는 것이다. 전자기력을 전달하는 입자는 바로 빛이다. 전자기력을 고전적으로 잘 설명하는 맥스웰(James Clerk Maxwell)의 고전 전자기 방정식을 풀어보면 전자기력을 전달하는 전자기파가 나타나고, 전자기파는 빛과 똑같은 성질을 가진다는 것을 알 수 있다.

1950년대에 양자역학에 맞게 전자기력을 설명하는 이론이 완성되었다. 이 이론을 '양자전기역학'이라 부른다. 양자전기역학은 단순히 수식으로 실험 결과를 설명하는 일을 넘어 '양자론'과 '상대성 이론'이라는 물리학의 근본원리로부터 자연스럽게 만들어지는 진짜 자연의 본 모습처럼 생각되는 이론이었다. 그런데 양자전기역학에는 양자론과 상대성 이론 말고 한 가지 더 근본적인 원리가 들어 있는데, 그것은 맥스웰의 고전 전자기 이론에 존재했던 '게이지 대칭성(gauge symmetry)'이라는 원리다. 게이지 대칭성은 물질이 가질 수 있는 추상적인 내부 위상에 대한 대칭성이다. 양자론에서 우리가 실제로 보게 되는 것은 파동함수의 제곱에 해당하는 확률값 뿐이다. 그런데 위상값은 제곱을 할 때 상쇄되므로 파동함수가 어떤 위상을 가지든지 물리적 현상은 같아야 한다. 따라서 내부 위상에 대한 대칭성이 존재할 것처럼 보인다. 그러나 실제로 양자론의 방정식은 파동함수가 임의의 위상을 가지면 방정식의 형태가 그냥은 유지되지 않는다. 방정식을 유지하기 위해서는 스핀이 1인 입자(혹은 장)가 추가로 존재해서 적절한 방식으로 물질의 위상이 주는 효과를 상쇄시켜야 한다. 이 입자를 '게이지 보존(gauge boson)'이라 부른다. 그런데 전자기 이론에서 이런 식으로 게이지 대칭성을 생각하면 전자기파, 그러니까 빛이 정확하게 게이지 보존에 해당한다. 그래서 빛과 전자에 대한 방정식에는 이미 게이지 대칭성이 정확하게 존재하고 있었던 것이다. 이런 이론을 '양자 게이지 장 이론(Quantum Gauge Field Theory)'이라 부른다.

게이지 이론에서 근본적인 것은 게이지 대칭성이며 게이지 대칭성에 따라 그 대칭성에 해당하는 게이지 보존이 존재한다. 이때 게이지 보존은 두 입자 사이에서 힘을 전달하는 역할을 한다. 그러니까 '양자 게이지 장 이론'은 본질적으로 물질과 물질 사이의 상호작용을 포함하는 이론인 것이다. 추상적인 이야기 같지만 게이지 이론에 의하면 방정식이 아주 구체적으로 정해지고, 이 방정식은 물리현상을 정확하게 예측한다. 방정식에서 계산한 결과를 물리현상과 비교하면 그 방정식은 인간이 지금까지 가졌던 어떤 이론이나 지식보다 정량적으로 정확한 이론임을 알 수 있다. 양자전기역학의 경이로운 성공에 힘입어 약한 핵력과 강한 핵력 역시 게이지 이론으로 설명하고자 하는 사람들이 있었다.

무거운 게이지 입자

페르미의 약한 핵력 이론은 애초에 전자기 이론을 염두에 두고 만든 것이므로 전자기 이론의 게이지 대칭성을 확장해 약한 핵력 이론을 얻고자 하는 것은 자연스러운 방향이었다. 양자전기역학을 만든 사람 중 하나인 줄리언 슈윙거가 바로 그런 생각을 하는 대표적인 사람이었고, 슈윙거의 생각은 그 제자인 셸던 글래쇼에게 이어져 내려왔다. 글래쇼는 1961년 약한 핵력에 해당하는 게이지 대칭성은 수학적으로 'SU(2)'라고 부르는 군에 해당하며 전자기력과 약한 핵력이 애초에는 서로 섞여있는 힘이라는 논문을 발표했다('군'이라든가 'SU(2)'와 같은 이름은 5장 '오메가 바리온'에서도 등장한 적 있다).

앞에서 약한 핵력이 전자기력과 크게 다른 점은 힘이 가까운 거리에만 작용하는 것이라고 말했다. 게이지 이론의 입장에서 힘이 가까운 거리에만 작용하는 현상을 설명하는 한 가지 방법은 힘을 전달하는 게이지 입자가 무거운 질량을 가지고 있다고 하는 것이다. 전자기력을 전달하는 빛은 질량이 없기 때문에 전자기력이 무한한 거리까지 작용하지만 질량이 있는 입자가 힘을 전달하게 되면 그 질량에 해당하는 거리까지만 힘이 작용하게 된다. 앞에서 일본의 유카와 히데키가 바로 이 아이디어를 구체화해 강한 상호작용을 전달하는 입자가 존재한다는 이론을 제시했고, 그 공로로 노벨상을 받았다는 이야기를 한 바 있다.

만약 약한 핵력을 전달하는 입자가 매우 무겁다면, 약한 핵력이 매우 짧은 거리에만 적용되는 사실과 약한 핵력이 매우 작다는 사실이 모두 잘 설명된다. 그러나 문제는 게이지 입자가 질량을 가지면 더 이상 게이지 대칭성이 유지되지 않는다는 것이다. 그렇게 되면 이론이 모순을 포함하기 때문에 올바른 물리적 상태를 정의하지 못하고, 상호작용을 계산할 때 무한대가 나오는 등 여러 잘못된 점이 나타난다.

이를 해결하는 방법으로 게이지 대칭성이 소위 '자발적으로' 깨지는 방법이 제시되었다. 영국 에딘버러 대학의 피터 힉스(Peter Higgs),[17] 벨기에 브뤼셀 대학의 프랑소와 엥글레(François Englert)와 로베르 브라우(Robert Brout),[18] 그리고 미국의 구랄니크(Gerald Guralnik), 하겐(C. R. Hagen), 키블(Tom Kibble)[19]은 1964년 거의 동시에 제각기 게이지 대칭성이 자발적으로 깨지는 과정에 대한 논문을 내놓았다. 이들의 설명에 의하면 스핀이 0인 스칼라 장(scala field)이 가지는 가장 낮은 에너지 상태가 게이지 대칭성이 깨진 상태라면, 이론적으로는 게이지 대칭성이 성립하면서도 드러나는 현상은 게이지 대칭성이 깨진 것처럼 보여 게이지 입자도 질량을 가진다. 이 과정을 '힉스 메커니즘(Higgs mechanism)'이라고 부른다. 힉스 메커니즘에 대해서는 힉스 입자를 다루게 될 9장 '힉스 보존'에서 자세히 이야기하자.

1967년 스티븐 와인버그는 글래쇼의 1961년 논문에 힉스 메커니즘을 포함시켜 전자기력과 약한 핵력을 설명하는 논문을 발표했다.[20] 이 논문은 「렙톤의 모형」이라는 제목처럼 전자와 중성미자라는 렙톤 한 쌍에 대한 전자기력과 약한 핵력에 의한 상호작용을 보여준다. 전자기력과 약한 핵력은 원래 섞여 있는 상태였고, 힉스 메커니즘에 의해 질량이 없는 빛이 전달하는 전자기력과 무거운 게이지 입자가 전달하는 약한 핵력으로 갈라진다. 그렇다면 약한 핵력을 전달하는 무거운 게이지 입자를 직접 볼 수 있을까? 와인버그는 그 무거운 게이지 입자를 'W와 Z'라고 불렀다. 전기를 띤 입자인 W는 약한 핵력을 의미하는 'weak'의 첫 글자를, Z는 전기가 중성이라는 뜻에서 'zero'의 첫 글자를 딴 이름이다.

간접적인 증거들

약한 핵력에 의한 원자핵의 베타붕괴, 파이온이나 뮤온의 붕괴는 모두 'W 게이지 보존'을 주고받는 과정이다. 그런데 SU(2)라는 대칭성을 기반으로 한 글래쇼-와인버그 이론의 중요한 특징은 전기를 띠고 있는 W 보존 외에 전기적으로 중성인 'Z 게이지 보존'도 존재한다는 것이다. 그러므로 전기적으로 중성이면서 무거운 게이지 보존이 존재한다는 것을 보일 수 있다면 이는 'SU(2) 게이지 이론'의 강력한 증거가 된다. 전기적으로 중성인 게이지 보존의 상호작용을 '중성류(neutral current)'라고 한다.

중성류의 효과는 전자기적인 상호작용과 거의 같은 형태이면서 크기는 천분의 1 정도에 불과하다. 그래서 전자기적인 상호작용에 묻혀 나타나기 때문에 중성류의 효과를 따로 떼어내어 확인하기란 매우 어려운 일이다. 이를 확인할 수 있는 한 가지 방법은 중성미자를 이용하는 것이다. 전기적으로 중성인 중성미자는 전자기력을 느끼지 않기 때문에 중성미자가 전기적으로 중성인 상호작용을 한다면 그것은 순전히 약한 상호작용이다. 예를 들어 방 안에 똑같은 동전 천 개를 쏟아놓고 다르게 생긴 하나를 찾는 일은 어렵지만, 동전이 방 안에 하나만 굴러다니면 훨씬 찾기 쉬운 것과 같은 이치다.

중성미자를 검출하기 위한 초대형 거품상자가 CERN과 프랑스의 고등사범학교 및 에콜 폴리테크닉의 물리학 실험실을 중심으로 제작되었다. 르네상스 시대의 작가 프랑소와 라블레(François Rabelais)의 소설에 나오는 거인족의 이름을 따 '가가멜(Gargamelle)'이라 이름붙인 이 거품상자는 지름 1.8m, 길이 4.8m의 길쭉한 원통 속에 18톤의 액체 프레온(CF_3Br)을 채워넣어 전체 무게는 1000톤이 넘었다. 가가멜은 CERN의 가속기 PS에서 만들어지는 중성미자 빔을 측정하도록 설치되어 1972년부터 본격 가동되기 시작했다.

가가멜은 1972년 9월부터 1973년 3월에 걸쳐 얻은 데이터로부터 뮤온 중성미자가 중성류를 통해 원자 내부의 전자와 탄성충돌을 했음을 의미하는 '튀어나온 전자'를 발견했다. 1973년 7월 CERN 대강당에서 가가멜 그룹은 약한 상호작용을 매개하는 중성류의 증거를 발견했다고 발표한다. 이는 CERN이 창립된 이래 첫 번째 중요한 발견이었다. 그해 9

월 3일자 「피직스 레터스(Physics Letters)」에 가가멜의 논문이 발표되었다. 이어 글래쇼-와인버그 이론이 물리학계 관심의 초점이 되었고 노벨상이 언급되기 시작했다. 1년 후 네 번째 쿼크인 '참 쿼크'가 발견되면서 글래쇼-와인버그 이론이 쿼크와 렙톤 전체에 적용되는 완전한 이론으로 받아들여졌다. 이 과정은 앞 장에서 이야기한 바 있다.

가가멜 실험의 성공 이후, 중성미자와 원자핵의 충돌 실험은 약한 상호작용을 연구하는 가장 중요한 도구가 되었다. 이 실험은 처음에는 페르미의 약한 핵력 이론에 의해 잘 설명되었는데, 중성미자의 에너지가 300 GeV를 넘으면서 W와 Z 보존의 효과가 직접 나타나 페르미 이론의 예측을 벗어나게 된다. 이 사실로부터 W 보존의 질량이 50 GeV는 넘는다는 사실을 유추할 수 있었다. 그 밖의 다른 실험에 의해서도 속속 W와 Z 보존에 대한 간접적인 증거들이 확보되었다. 1970년대 후반에서 1980년대 초에 걸쳐 전자와 양전자를 약 30 GeV의 에너지에서 충돌시키는 SLAC의 PETRA 실험이 있었다. 여기서 뮤온쌍이 생성될 때 튀어나오는 뮤온의 방향이 어느 한 쪽으로 치우치는 비대칭성의 측정값으로부터 Z 보존의 질량이 100 GeV보다 작을 것으로 예측되었다. 따라서 W와 Z 보존의 질량은 50 GeV와 100 GeV 사이에 있을 것이다.

와인버그의 이론에서 약한 상호작용과 전자기 상호작용 사이의 섞임 정도는 '와인버그 각(Weinberg angle)'이라는 양으로 표현된다. 여러 중성미자 실험으로부터 와인버그 각의 크기는

0.3에서 0.6 사이인 것으로 측정되었는데 이는 W와 Z 보존의 질량이 60~100 GeV의 값이라는 것을 의미했다. 와인버그 각은 더욱 정밀하게 측정되어 W와 Z를 발견하기 직전인 1982년경에는 약 0.23으로 측정되었다. 이는 W 보존의 질량이 약 80 GeV, Z 보존의 질량이 약 90 GeV라는 것을 의미했다. 곧 밝혀지겠지만 이 값은 놀라울 정도로 정확한 값이었다.

루비아

카를로 루비아(Carlo Rubbia)는 피사의 고등사범학교와 미국 컬럼비아 대학에서 고에너지 실험을 전공했다. 1960년경 유럽으로 돌아온 루비아는 막 설립된 CERN에서 가속기 실험에 참가했다. 루비아는 특히 1971년 CERN이 건설한 최초의 양성자-양성자 충돌장치인 ISR(Intersecting Storage Ring)에서 실험을 했는데, 이 경험은 훗날 그가 양성자-반양성자 충돌을 통해 W와 Z 보존을 찾게 하는 기반이 되었다.

ISR은 당시 CERN의 주 가속기였던 PS에서 가속된 양성자 빔을 받아서 그 중 일부를 반대 방향으로 회전시켜 충돌시키는 충돌장치다. PS에서 가속된 양성자의 에너지는 30 GeV가 넘고, 이때 양성자의 속력은 빛의 속력의 99.9%를 넘기 때문에 이런 두 입자를 충돌시키는 것은 그리 단순한 문제가 아니다. 하지만 충돌장치는 가속기의 효율을 극적으로 높여준다. 앞에서 반양성자를 이야기할 때, 가속된 양성자가 고정된 표적에 충돌하는 실험에서는 멈춰있던 양성자가 튕겨나가면서 에너지의 일부를 가져가 버리기 때문에 필요한 질량보다 더 높은 에너지로 양성자를 가속시켜야 한다고 설명했다. 그런데 ISR처럼 가속된 입자가 정면충돌하게 되면 두 입자가 가지고 있는 에너지가 100% 충돌에너지로 전환되기 때문에 효율이 최대가 된다.

루비아가 ISR 실험에 참가하고 있던 시기에 와인버그 모형이 양자론적으로 타당하다는 것이 증명되고, J/ψ 메존이 발견되어 네 번째 쿼크가 존재한다는 것이 밝혀졌다. 또 SU(2) 대칭성의 중요한 증거인 전기적으로 중성인 약한 핵력 현상이 발견되었다. 약한 핵력과 전자기력이 통합된 게이지 장 이론인 와인버그 모형이 이론과 실험 양쪽에서 급속도로 증명되면서 이제 직접 실험을 통해 약한 핵력의 가장 직접적인 증거인 게이지 입자를 확인하는 일이 가장 중요한 과제로 떠올랐다. 그리고 당대의 실험 능력은 서서히 W와 Z 보존을 직접 만들어 확인할 수 있는 단계로 접어들고 있었다.

1976년 CERN의 새로운 초대형 가속기 SPS(Super Proton Synchrotron)가 완성되었다. SPS는 둘레가 6km가 넘는 초대형 가속기로 양성자를 약 400 GeV까지 가속시킬 수 있었다. 그러나 이 양성자가 멈춰있는 표적에 충돌할 때의 충돌에너지는 약 30 GeV에 불과하다. 당시 예측되던 W와 Z 게이지 입자의 질량은 각각 약 65 GeV와 80 GeV였으므로, SPS의 에너지는 W와 Z 보존을 직접 만들어 내기에는 부족했다. 그래서 CERN에서는 소장이던 존 아담스(John Adams)를 중심으로 W와 Z 보존을 만들어내는 데 특화된 전자-양전자 충돌장치를 만들려는 계획이 태동하고 있었다. 전자와 양전자가 충돌할 때는 충돌에너지를 정확하게 조절할 수 있으므로 W와 Z 보존의 질량에 맞추어 충돌을 시키면 가장 효과적으로 이 입자를 만들 수 있다. 이 계획은 얼마 후 LEP(Large Electron-Positron collider)라는 이름으로 실현되어 SPS 다음 차례로 건설될 CERN의 대규모 프로젝트가 된다.

그러나 LEP는 이제 막 계획이 시작된 것에 불과했으므로 W와 Z 보존을 발견하려면 가속기를 설계하고 개발하고 건설하기까지 오랜 시간이 필요했다. 그런데 당시 미국 브룩헤이븐 국립연구소에서는 이미 W와 Z 보존을 찾기 위한 ISABELLE(the Intersecting Storage Accelerator+belle) 계획이 1974년에 제안되어 추진 중이었다. ISABELLE는 200 GeV로 가속된 양성자 빔 한 쌍을 충돌시켜 400 GeV의 충돌에너지를 내는 양성자-양성자 충돌장치였다. 바야흐로 유럽과 미국의 가속기 경쟁이 불꽃을 튀기던 시절이다. 이때 새로운 입자를 조속히 발견할 수 있는 획기적인 제안을 내놓은 사람이 바로 카를로 루비아다. 루비아는 매킨타이어(Peter McIntyre), 클라인(David Cline)과 함께 발표한 논문에서 SPS를 양성자-반양성자 충돌장치로 개량하면 W와 Z 보존을 바로 만들 수 있다고 주장했다.[21]

루비아가 제안한 양성자-반양성자 충돌장치란, 양성자와 반양성자는 전하가 반대이므로 같은 가속기에서 양성자 빔과 반양성자 빔을 반대로 회전시키다가 검출기 위치에서 충돌시키는 장치다. 그러면 SPS의 에너지가 그대로 충돌에너지로 전환되므로 원리적으로는 무려 800 GeV의 에너지를 얻을 수 있다. 바로 ISR에서 배운 아이디어였다. 이는 틀림없이 높은 에너지를 얻을 수 있는 가장 간단한 방법이었다.

이와 같은 원리의 전자-양전자 충돌장치는 그 전에도 존재했지만 양성자-반양성자 충돌장치는 그때까지 존재하지 않던 물건이었기 때문에 이는 사실 대단한 도전이었다. 존 아담스를 비롯해 당시 CERN의 전문가들은 당시 42세였던 루비아와 같은 '아이들'에게 방금 완성된 새 가속기인 SPS를 뜯어 고치도록 맡기는 것을 그다지 탐탁지 않아 하기도 했다. 그러나 루비아는 전설이 될 만큼 열정과 정력의 화신이었고, 자신의 목표를 위해서는 어떤 대담한 일도 태연히 해치우는 배짱을 가진 사람이었다. 루비아는 CERN에서 자신의 주장을 굽히지 않는 한편, 당시 SPS와 거의 같은 크기와 성능을 지닌 미국 페르미 연구소에도 같은 제안서를 제출하기까지 했다.

◀시몬 반 데르 메르와 ▶카를로 루비아

결국 CERN은 루비아의 제안을 받아들여 SPS를 양성자-반양성자 충돌장치로 개조하기로 결정했다. 루비아의 제안은 가속기를 새로 추가하지 않고 빔이 지나가는 튜브만을 개조하는, 가장 현실적이고 도달 가능하면서도 빠른 시간 안에 아주 달콤한 결과를 얻을 수 있는 것이었기 때문이다.

다시 반양성자

루비아의 계획에서 가장 중요하면서 해결되지 않은 문제가 하나 있었다. 루비아가 제안한 실험은 양성자-반양성자 충돌 실험이었으므로 양성자와 충돌을 시킬 만큼 충분한 수의 반양성자가 있어야 한다는 것이다. 반양성자는 1955년에 이미 발견되긴 했지만 충돌 실험을 위해서는 엄청난 수의 반양성자가 필요하다. 게다가 반양성자는 보통의 물질에 닿으면 원자핵 속의 양성자와 반응해 소멸되어 버리기 때문에 다루기가 매우 어렵다.

CERN은 이를 위해 보나우디(Franco Bonaudi), 반 데르메르(Simon Van der Meer), 포프(Bernard Pope) 등을 중심으로 반양성자 연구에 집중했다. 당시 반양성자를 효과적으로 생산하기 위해 제안된 기술은 '확률적 냉각(stochastic cooling)'과 '전자 냉각(electron cooling)' 방법이었다. 이를 연구하기 위해 '초기 냉각 실험(ICE: Initial Cooling Experiment)'이라는 이름의 저장 링이 건설되었다. ICE에서의 연구를 통해 1978년 초 확률적 냉각 방법이 먼저 성공을 거두자, SPS의 양성자-반양성자 충돌에는 확률적 냉각을 채택하기로 결정되었다. 여기서 '냉각(cooling)'이란 우리가 느끼는 차가움이 아니라 물질들이 대부분 같은 상태에 있다는 것을 의미한다. 그러니까 반대로 '뜨거움(hot)'은 물질들이 제각각의 상태라는 뜻이다. 사실 이것이 우리가 직관적으로 느끼는 '차가움'과 '뜨거움'의 정확한 의미이기도 하다. 열을 가하면 원자나 분자가 에너지를 얻어 자유로이 움직이게 되고 제각각의 상태를 지닌다. 차가워지면 에너지를 잃고 점점 더 많은 입자들이 같은 상태가 된다. 모든 입자가 완전히 같은 상태가 되었을 때 우리는 '절대 0도'라고 한다. 단, 여기서 말하는 냉각은 오직 같은 상태만을 의미하며 개개 입자의 에너지가 작다는 뜻은 아니다.

'확률적 냉각'이란 반물질에 일정한 조건을 주어 입자의 일부를 같은 상태로 만들고 이를 반복하는 것이다. 시간이 지나면 차츰 전체 입자가 같은 상태에 가까워지게 된다. 이는 네덜란드 출신의 뛰어난 가속기 과학자 반 데르메르가 1972년 「ISR에서 베타트론 진동의 확률적 감폭」이라는 논문에서 처음 아이디어를 발표했던 방법이다. CERN은 확률적 냉각 방식으로 모은 반양성자를 저장하기 위해 '반양성자 집적기(AA: Antiproton Accumulator)'라고 부르는 원형 링을 건설했다. 반양성자 집적기는 대단히 훌륭하게 작동해 충돌실험을 할 수 있을 만큼의 반양성자를 확보하는 데 성공했다.

양성자-반양성자 충돌 실험

루비아는 SPS 가속기를 충돌장치로 개조하는 한편 충돌현상을 관찰할 검출기 실험팀을 구성했다. 실험팀의 코드네임은 UA1이었고, 여기서 UA는 지하구역(Underground Area)을 의미했다. 충돌실험은 SPS 가속기 내에서 일어나야 하므로 가속기가 위치한 지하에 검출기를 설치하기 위해 거대한 공동을 만들어야 하기 때문이었다. 검출기가 거대한 만큼 실험팀의 규모도 거대했다. 실험팀은 CERN을 비롯해 독일의 아헨공대, 프랑스의 꼴레쥬 드 프랑스, 새클레이, 영국의 러더퍼드 연구소와 버밍험 대학, 이탈리아의 로마 대학, 오스트리아의 빈 대학과 미국의 위스콘신 대학 등 전 세계 13개 연구소에서 온 130여 명의 물리학자로 구성되었다. 당시에는 보기 어려울 만큼 거대한 규모였다. UA1은 1978년 6월 29일 CERN의 회의에서 정식으로 승인되었다.

1979년 '기본입자들 사이의 약한 핵력과 전자기력을 통합한 이론을 세우는 데 기여하고, 특히 중성류를 예측한 업적'으로 셸던 글래쇼, 스티븐 와인버그, 압두스 살람(Abdus Salam)이 노벨 물리학상을 수상했다. 이들이 노벨상을 수상한 데는 가가멜에서 중성의 약한 상호작용을 발견한 것이 결정적인 역할을 했다. W와 Z 보존을 직접 발견하지 못했음에도 이 이론에 노벨상이 주어진 것은 물리학자들(적어도 이론물리학자들)이 W와 Z 보존이 존재한다는 것을 실험가들보다 훨씬 더 확신하고 있다는 사실을 보여주었다고 하겠다.

SPS는 충돌장치로 개조되면서 여러 가지 이유로 가속 에너지가 낮아질 수밖에 없었다. 그래서 양성자-반양성자 충돌장치로 개조된 후 빔의 최대 가속 에너지는 270 GeV에 그쳤고, 양성자-반양성자 충돌에너지는 540 GeV로 결정되었다. 개조된 충돌장치는 원래의 SPS와 구별해 '$Sp\bar{p}S$'라고 부르기도 한다.[22]

1978년 12월에는 또 하나의 검출기인 UA2가 승인되었다. 루비아가 이끄는 UA1이 이 실험의 주 검출기라면 UA2는 보조 검출기로써 UA1의 1/3 비용으로 제작됐고, 제작기간도 더 짧았다. UA1은 모든 신호를 검출하는 다목적 검출기로 설계되고 제작됐지만, UA2는 뮤온의 검출과 같은 몇몇 기능이 생략되었다. 특히 UA1은 새로운 입자가 붕괴할 때 나오는 렙톤을 정확하게 측정하기 위해 검출기 중앙의 궤적 검출기에 공을 들였고, UA2는 에너지를 측정하는 칼로리미터(Caloriemeter)에 중점을 두고 제작되었다. UA2에는 스위스 베른 대학, CERN, 덴마크의 코펜하겐 대학, 프랑스의 오르세와 새클레이 등에서 50여 명의 물리학자가 참가했다.

W와 Z를 찾기 위한 준비는 착착 갖추어지고 있었다. 반양성자도 충분한 수가 확보되었고, UA1과 UA2 검출기 모두 완성되었다. 가속기도 충돌장치로 개조가 완료되었다. 그리고 1981년 2월 PS에서 반양성자를 가속하기 시작했다. 최초로 반양성자를 가속기에서 가속시킨 것이다. 마침내 모든 준비가 완료되었

다. 그해 7월 충돌장치 $Sp\bar{p}S$가 가동되기 시작했고, 최초로 양성자와 반양성자가 충돌했다. $Sp\bar{p}S$가 CERN 평의회에서 승인된 지 3년 만이었다.

발견

W 보존은 워낙 무겁기 때문에 만들어지고 난 뒤 불과 10^{-24}초 만에 쿼크 쌍이나 렙톤-중성미자 쌍으로 붕괴한다. 따라서 검출기에서 W와 Z 보존의 흔적을 직접 보는 것은 불가능하며 붕괴되어 나온 입자들의 에너지를 정확하게 검출해 입자를 재구성해야 한다. 그런데 양성자가 충돌할 때는 많은 쿼크와 글루온이 함께 튀어나오기 때문에 이 중에서 원하는 쿼크를 찾기란 쉽지 않다. 따라서 렙톤을 찾는 것이 입자를 발견하는 데는 더 효과적이다. UA1이 렙톤의 검출에 중점을 두고 설계된 것이 바로 그 때문이다.

W 보존이 전자 혹은 뮤온과 중성미자로 붕괴하게 되면 검출기에는 매우 에너지가 큰 전자나 뮤온이 관측되고, 동시에 커다란 에너지 손실이 일어난다. 에너지 손실은 중성미자가 나타났음을 의미하는데 중성미자는 검출기에 아무런 흔적을 남기지 않고 지나가 버리기 때문에 커다란 에너지가 사라져 버린 것이다. 그래서 검출기에 나타난 신호만 보면 마치 에너지 보존법칙이 깨진 것처럼 보인다. 특히 높은 에너지의 전자나 뮤온이 양성자-반양성자 빔과 큰 각도를 이루고 있으면 이는 전자나

뮤온이 매우 무거운 입자가 붕괴되어 나타났다는 것을 의미한다. 빔의 수직방향 에너지 성분은 순전히 입자의 질량이 에너지로 바뀌면서 생긴 것이기 때문이다.

1982년에 가속기는 놀라울 만큼 훌륭하게 가동되어 12월 6일까지 예상보다 훨씬 많은 데이터가 축적되었다. 1억 회가 넘는 충돌 사건에서 나온 수많은 데이터를 분석한 결과, UA1과 UA2 그룹은 1983년 1월 12일에서 14일까지 로마에서 열린 학회에서 각각 W 보존의 증거를 언급했다. 과연 W 보존이 발견된 것일까? 최종 결론을 내리기 위해 검토를 거듭한 끝에 마침내 1월 23일 카를로 루비아는 그들의 데이터를 확신한다고 선언하면서 이렇게 말했다 "우리 데이터들은 W처럼 보인다. W인 것 같다. W 냄새가 난다. W임에 틀림없다(They look like Ws, they feel like Ws, they smell like Ws, they must be Ws)."[23]

그날 UA1 그룹은 W 보존이 전자-중성미자로 붕괴된 신호 6개를 발견했다고 보고하는 논문을 전통 깊은 학술지 「피직스 레터스 B」에 투고했다. 25일에는 CERN이 공식적으로 W 입자의 발견을 발표했다. UA1 그룹의 논문은 2월 24일자에 발표되었다.[24] UA2 그룹은 4개의 신호를 관측했다고 보고하는 논문을 같은 학술지 3월 17일자에 발표했다.[25] 드디어 약한 핵력의 근원에 다다른 것이다!

그해 4월에서 5월에 걸쳐 UA1은 W 보존이 만들어져 전자-중성미자로 붕괴한 신호 54개를 추가로 검출했고, W 보존이 뮤온-중성미자로 붕괴하는 신호도 발견했다. 그리고 드디어 Z

보존으로 보이는 신호도 발견했다. Z 보존은 전기적으로 중성이므로 렙톤-반렙톤 쌍이나 쿼크-반쿼크 쌍으로 붕괴하는데, 먼저 관측된 것은 렙톤-반렙톤 쌍이었다. UA1 그룹이 관측한 것은 Z 보존이 전자-반전자 쌍으로 붕괴하는 것으로 보이는 신호 4개와 뮤온-반뮤온 쌍으로 붕괴하는 신호 하나였다.[26] 같은 기간 동안 UA2가 분석한 데이터에서도 Z 보존이 붕괴한 신호 3개가 발견되었다.[27] 표준모형에 의하면 Z 보존이 생성될 확률은 W 보존의 약 1/10이므로, Z 보존이 더 늦게 발견될 것은 예상한 대로였다. 대신 Z 보존은 렙톤 쌍을 통해 관측되었으므로 에너지와 운동량을 정확하게 측정하기는 더 쉽다. UA1 그룹이 처음으로 측정한 Z 보존의 질량은 95.5 ± 2.5 GeV/c²였다.

W와 Z 보존을 발견하기 위해 계획된 미국의 양성자-양성자 충돌장치 'ISABELLE'은 1978년 건설이 시작되었으나 초전도 전자석 기술의 개발에 어려움을 겪으며 추진이 지연되었다. 결국 1983년 W와 Z 보존이 발견되자 그해 7월 미국 에너지성의 고에너지 물리학 자문단 부속위원회 회의에서 ISABELLE을 중지할 것을 권고하는 결정이 내려졌고, 11월 미국 에너지성은 ISABELLE을 중지한다고 공식 발표했다. 당시 ISABELLE에 투입된 돈은 약 2억 달러였다. 이 사건은 고에너지 가속기를 통한 입자물리학 연구에서 미국의 주도권 상실을 극적으로 보여주는 사건이었다. 카를로 루비아와 반 데르메르는 W와 Z 보존을 발견한 업적으로 1984년 노벨 물리학상을 수상했다.

W와 Z 보존은 이제까지 사람들이 발견한 새로운 입자와 그 의미가 조금 다르다고 할 수 있다. 지금까지 발견한 새로운 입자가 마치 미지의 세계를 여행하면서 새로운 동물이나 식물을 채집한 것과 같다면 W와 Z 보존은 처음부터 끝까지 일관성 있는 원리를 가지고 수립된 이론으로부터 예견된 존재다. 그래서 SU(2)라는 추상적인 수학을 통해 입자의 성질을 아주 구체적으로 알 수 있었고, 질량을 정확히 예측할 수 있었다. 현재 알려진 W 보존의 질량은 80.385±0.015 GeV/c^2, Z 보존의 질량은 91.1876±0.0021 GeV/c^2이므로 간접적인 증거로부터 예상된 질량과 놀라울 만큼 잘 맞는다.

어쩌면 이제 우리는 자연에 대해 단편적인 지식 이상의 것, 진짜 자연의 설계도 비슷한 것을 손에 쥔 것이 아닐까? 이를 제대로 알기 위해서는 힉스 메커니즘을 확인하는 일이 남았고, 이를 위해서는 힉스 입자를 발견해야 한다. 그 과업은 21세기로 넘어왔다. 이 이야기는 9장에서 하도록 하고, 그전에 잠시 가장 무거운 기본 입자에 대해 이야기 해보자.

톱 쿼크

거대한 쿼크

　우리가 알고 있는 바에 의하면 물질을 이루는 기본입자는 '쿼크'와 '렙톤'이다. 쿼크 중에서 가장 가벼운 '업 쿼크'와 '다운 쿼크'의 조합이 양성자와 중성자를 이루고, 양성자와 중성자는 원자핵을 이룬다. 렙톤 중 가장 가벼운 렙톤인 '전자'가 원자핵과 전자기적인 힘으로 묶여 있는 상태를 우리는 '원자'라고 부른다. 우리의 몸, 이 책, 나무와 구름, 물고기, 커피잔과 벽에 걸린 시계 바늘, 우리 눈에 보이는 이 세상의 모든 물체는 원자로 이루어져 있다. 그러니까 물질의 기본이 되는 쿼크는 아주 아주 작을 것임에 틀림없다.

원자의 종류마다 다르긴 하지만, 대략의 크기를 셈해 보면 원자의 크기는 약 백억 분의 1미터쯤 된다. 이것도 사실 너무 작은 숫자라 감이 잘 오지 않을 테니 비교할 만한 예를 들어 보자. 우리 머리카락의 굵기가 대략 만 분의 1에서 십만 분의 1미터다. 그러니까 원자의 크기는 머리카락 굵기의 다시 십만 분의 1인 셈이다. 원자핵의 크기는 원자의 크기의 만 분의 1쯤 되고, 양성자나 중성자의 크기는 다시 원자핵의 10분의 1이다. 그러면 쿼크의 크기는? 사실 쿼크의 크기라는 말은 정확한 개념을 정의하기 쉽지 않지만 양성자 크기의 다시 천 분의 1 이하라고 여겨진다. 그래서 우리는 쿼크라고 하면 아주 작은 그 무엇, 우리가 크기라는 말을 쓸 수 있는 가장 작은 크기를 떠올린다. 그런데 그런 개념은 옳은 것일까?

방금 '쿼크의 크기'라는 말은 정확한 개념을 정의하기 쉽지 않다고 했다. 그 이유는 쿼크 뿐 아니라 기본입자의 세계에서는 우리가 말하는 '크기'라는 말의 의미가 모호해지기 때문이다. 크기라는 말이 모호해지는 것은 사실 원자부터다. 원자는 원자핵과 전자가 전기적인 힘으로 묶여있는 상태라고 했는데, 전자가 원자핵 주위를 도는 것은 지구가 태양의 둘레를 돌듯 정해진 위치에서 도는 것이 아니다. 전자는 원자핵을 중심으로 마치 구름처럼 퍼져 있는 것으로 여길 수 있는데, 따라서 그 경계선이 분명치 않고 우리가 일상에서 말하듯 크기를 말할 수 없다. 이런 세상은 우리의 일상 감각과는 거리가 먼, 양자역학이 지배하는 세상이다. 원자보다 작은 세상의 모습은 다 이런

식이다. 따라서 크기라는 말의 의미가 모호해질 수밖에 없다. 게다가 쿼크는 따로 존재하지 않고, 항상 다른 쿼크와 함께 하드론을 이룬 상태로만 존재하므로 쿼크 하나의 크기라는 개념은 더욱 생각하기 어렵다.

기본입자의 크기는 질량을 가지고 생각하는 것이 더 자연스럽다. 상대성 이론에 의하면 입자의 고유 질량은 에너지와 운동량으로부터 정확히 결정된다. 앞에서도 언급했지만 전자의 질량은 $0.510998928 \pm 0.000000011$ MeV/c^2, 양성자의 질량은 938.272046 ± 0.000021 MeV/c^2, 뮤온의 질량은 $105.65836668 \pm 0.00000038$ MeV/c^2다. 쿼크의 경우는 하드론 속에만, 그러니까 항상 상호작용을 강하게 하고 있는 상태로만 존재하기 때문에 질량을 정하기가 쉽지 않지만 업 쿼크와 다운 쿼크의 질량은 대략 5~10 MeV/c^2라고 할 수 있다.

전자의 질량은 양성자 질량의 약 2천 분의 1에 불과하므로 원자의 질량은 거의 대부분이 원자핵의 질량이다. 수소 원자의 질량은 거의 양성자의 질량과 같고, 원자번호가 8인 산소는 양성자와 중성자가 8개씩 들어있으므로 양성자 질량의 16배쯤 된다. 위에서 보듯 양성자 질량은 약 1 GeV/c^2이므로 산소 원자의 질량은 약 16 GeV/c^2이다. 앞의 장에서 살펴 본 W와 Z 게이지 보존의 질량을 기억하는 독자라면 아마 좀 놀랄 지도 모른다. W 보존의 질량은 무려 80 GeV/c^2가 넘으니 우리가 잘 아는 철이나 구리 원자보다도 무거운 것이다! 그렇다면 기본입자를 아주 작은 그 무엇이라고 생각하는 것이 반드시 옳은 것은 아니라는 생각이 든다.

6장에서 소개한 '참 쿼크'는 네 번째로 무거운 쿼크다. 이로써 쿼크와 렙톤은 각각 두 쌍이 있음이 확인되었다. 즉, 같은 성질을 가지는 쿼크 쌍과 렙톤 쌍이 두 세트가 있는 것이다. 왜 두 세트가 있는지는 몰랐지만(지금도 모른다), 어쨌든 그렇게 되면 표준모형의 구조는 잘 유지된다. 즉 표준모형의 구조는 쿼크 쌍(업 쿼크-다운 쿼크)과 렙톤 쌍(전자-전자 중성미자)에 대한 것이므로 똑같은 구조가 두 번째 세트에 대해서도 반복되는 것이다.

1975년 스탠퍼드 대학의 마틴 펄(Martin Lewis Perl)이 전자와 뮤온에 이어 세 번째 렙톤을 발견했다. 그렇다면 다시 표준모형의 구조가 유지되기 위해서는 세 번째 중성미자와 다섯 번째와 여섯 번째의 쿼크가 있어서 세 번째 세트를 완성해야 한다. 놀랍게도 1977년 페르미 연구소의 레더만이 다섯 번째 쿼크를 발견했다. 이로써 표준모형의 구조는 여전히 훌륭하게 성립하고 있으며 쿼크에도 세 번째 세트가 있는 것이 확실해 보였다. 이제 여섯 번째 쿼크를 찾아 세 번째 세트를 완성해야 할 때다. 펄이 발견한 세 번째 렙톤의 이름은 '3'을 뜻하는 그리스어의 첫 글자를 따 '타우(tau)'가 되었다. 다섯 번째 쿼크의 이름은 '보텀(bottom)'으로 지어졌고, 그와 짝을 이룰 여섯 번째 쿼크는 자연스럽게 '톱(top)' 쿼크가 되었다.

타우의 질량은 약 1.8 GeV/c²로 참 쿼크보다 무거웠다. 이제 렙톤을 가벼운 입자라고 말하는 것은 우스운 일이 되었다. 보텀 쿼크의 질량은 무려 5 GeV/c²에 가까웠다. 참 쿼크가 스트

85

레인지(strange) 쿼크보다 훨씬 무겁다는 점을 생각하면 톱 쿼크는 보텀 쿼크보다도 더 무거울 것으로 예상되었다. 그러면 과연 얼마나 무거울까?

트리스탄

쿼크의 질량을 정해줄 이론적인 근거는 전혀 없다. 이는 다른 쿼크나 렙톤 역시 마찬가지였다. 그래서 물리학자들로서는 톱 쿼크를 찾기 위해 에너지를 한없이 올려가면서 데이터를 뒤적거리는 일 밖에는 다른 도리가 없는 것처럼 보였다. 그래도 자연과학이란 복잡하고 풍부한 자연 현상 속에서 패턴과 질서를 찾는 일이다. 기본입자의 질량은 아직 아무도 그 안에 숨어 있는 규칙을 파악하지 못했지만 많은 과학자들은 그 값을 이해하기 위해 노력했고, 지금도 계속하고 있다. 톱 쿼크가 존재할 것이라는 데는 모두 동의하지만 아직 발견되지는 않던 시절에는 쿼크의 질량값이 나타내는 패턴을 이해하려는, 그래서 톱 쿼크의 질량을 예측하려는 시도가 특히 많았다.

그런 시도 중에서 1980년대에 인기 있던 이론이 소위 '플레이버(plabor) 민주주의'라는 것이다. '플레이버'란 입자의 종류를 말한다고 생각하면 된다. '플레이버 민주주의'란 3세트를 이루는 세 종류의 입자는 평등하며, 따라서 모든 입자 세 종류의 섞임이 거의 같다는 가정이다. 물리적인 뒷받침은 거의 없지만 대단히 그럴듯한 가정이다. 게다가 그렇게 가정하면 저절로, 즉 수학적으로 그중 하나의 질량이 아주 크게 되는데 이는 실제로 렙톤과 쿼크 질량의 패턴과 일치한다. 렙톤의 경우 전자, 뮤온, 타우의 질량은 MeV/c² 단위로 대략 0.5, 100, 1777이고, 다운, 스트레인지, 보텀 쿼크는 10, 400, 4500이다. 따라서 세 입자 중 하나만 질량이 아주 크다.

이 이론에 따르면 쿼크의 질량과 섞임각 사이에 일정한 관계가 유도되기 때문에 톱 쿼크의 질량을 대략 추산할 수 있다. 그에 따르면 톱 쿼크의 질량은 약 20~40 GeV/c²으로 예상되었다. 앞에서 말했듯 이는 물리적 뒷받침이 없는(혹은 아직 우리가 모르는) 가정으로부터 유도된 값이지만 많은 사람들이 그럴 듯하다고 생각했고, 그래서 1980년대에 나온 입자물리학 포스터 등에는 톱 쿼크의 질량란에 물음표와 함께 '40 GeV/c² 이하(<40 GeV/c²(?))'라고 표기한 것도 있었다. 이 값은 1970년대 말 최고 에너지 가속기인 미국 페르미 연구소의 주 링(main ring)과 CERN의 SPS로 검증할 수 있는 값이었기 때문에 실험가들에게는 톱 쿼크를 찾는 것이 1970년대 후반부터 중요한 주제였다.

1980년대에는 고에너지 물리학의 새로운 세력으로 일본이 급부상하기 시작했다. 일찍이 노벨 물리학상을 수상한 유카와 히데키, 도모나가 신이치로를 비롯해 여러 물리학자가 중요한 업적을 남긴 바 있는 일본은 전쟁 후 빠른 속도로 경제를 부흥시키며 1970년대부터 가속기 분야에도 뛰어들 준비를 하고 있었다. 그것이 현실로 나타난 것이 일본의 국립가속기연구소(KEK)다. 도쿄 북동쪽 약 50km 츠쿠바 시에 세워진 KEK는 1971년 설립되어 첫 가속기로 '양성자 사이클로트론'을 건설했다. 'KEK-PS'라는 이름의 이 가속기는 원래 40 GeV의 출력을 내도록 계획되었으나 300억 엔에 달하는 예산이 1/4로 감축되면서 계획이 축소되어 1976년 3월 완성되었을 때는 양성자 빔의 출력이 8 GeV에 불과했다. 그러나 어쨌든 이로써 일본의 고에너지 가속기 시대가 열렸다.

다음 단계로 계획된 KEK의 주 가속기는 전자-양전자 충돌장치인 '트리스탄(TRISTAN: The Transposable Ring Intersecting Storage Accelerator in Nippon)'이었다. 트리스탄 계획은 1973년 제안되어 여러 가지 수정을 거듭한 끝에 톱 쿼크의 발견을 최우선 목표로 두고 전자와 양전자를 가속시켜 60 GeV에서 충돌시키는 전자-양전자 충돌장치로 결정되었다.[28] 가속기의 둘레가 3.018km에 달하는 트리스탄은 1981년부터 건설되기 시작해 1986년 완공되었다. 1986년에는 충돌에너지가 51 GeV에서 가동되었고, 1988년에는 초전도 가속장치를 추가해 충돌에너지를 64 GeV까지 높였다. 이는 전자-양전자 충돌장치로는 당대 최고의 에너지였다.

트리스탄은 전자-양전자 충돌에 의해 톱 쿼크를 만들려고 하기 때문에 만일 톱 쿼크가 나온다면 쿼크-반쿼크 쌍으로 나와야 한다. 그래서 트리스탄에서 찾을 수 있는 톱 쿼크의 질량은 최대 약 40~50 GeV/c²였다.[29] 아무도 톱 쿼크의 질량을 확실히 예상할 수는 없으므로 트리스탄의 충돌에너지로 목표를 달성할 수 있을지는 불확실했다. 그러나 KEK 부지의 사정상 가속기를 지을 수 있는 크기는 지름 약 1km에 불과했기 때문에 이는 어쩔 수 없는 한계였다. 실제 원형가속기로 전자를 30 GeV까지 가속시킬 때 최적화된 크기는 지름 약 3km였지만 이만큼의 크기도 확보할 수 없었기 때문에 트리스탄은 방사광에 의한 에너지 손실을 감수해야 했으며 고능률 가속장치로 이를 보충할 수밖에 없었다.

그러나 뼈아프게도 트리스탄에게 톱 쿼크는 너무 무거웠다. 1980년대에 걸쳐 양성자-반양성자 충돌장치인 CERN의 SPS와 페르미 연구소의 테바트론(Tevatron)이 경쟁적으로 톱 쿼크를 찾아본 결과 1980년대 말까지 톱 쿼크를 찾지는 못했기 때문에 질량이 77 GeV/c²보다 크다는 것은 확인했다. 그렇다면 트리스탄에서 톱 쿼크를 볼 가능성은 전혀 없었다.

게다가 1989년 CERN에서 역시 전자-양전자 충돌장치인 LEP(Large Electron-Positron Collider)가 완성되었다. 애초에 Z 보존을 만들 수 있는 가속기로 설계된 LEP는 둘레 길이가 트리스탄의 9배에 가까운 26.658883km, 충돌에너지가 Z 보존의 질량인 90 GeV에 달했고, 나중에는 200 GeV까지 증가하게 된다. 트리스탄은 LEP와는 경쟁이 될 수 없었다. KEK에서는 재빨리 트리스탄 다음 단계의 가속기를 구상했다. 새로운 가속기는 다섯 번째 쿼크인 보텀 쿼크를 대량으로 만들어내 CP 대칭성이 깨지는 현상을 관찰하는 것으로 방향이 잡혔다. 이 가속기는 새로운 현상을 탐구하면서도 보텀 쿼크의 성질을 규명한다는 성과가 보장된, 어느 정도 안전한 선택이라고 할 수 있었다. 1993년 KEK의 보텀 쿼크 대량생산장치인 KEKB가 정부의 승인을 받았다. 1995년 트리스탄 프로그램은 종결되었고, 트리스탄이 철거된 빈 터널에 KEKB가 설치되었다.

LEP

다음으로 톱 쿼크를 찾는 주역은 바로 CERN의 LEP였다. 1989년 완성된 LEP는 정확히 Z 보존의 질량에 해당하는 값으로 전자-양전자 충돌을 일으킨다. 그러면 그 값에서는 공명(resonance) 현상이 일어나 Z 보존이 만들어지는 비율이 엄청나게 높아지면서 Z 보존이 대량 만들어지게 된다. 이렇게 만들어진 Z 보존만을 가지고 직접 전자기-약작용의 여러 구체적인 값을 정확하게 측정할 수 있으면 표준모형의 연구에는 더할 나위 없이 이상적인 환경이라고 하겠다.

LEP는 뛰어난 성능을 보이며 표준모형을 아주 구체적인 부분까지 검증하는 데 커다란 역할을 한 가속기였다. SPS에서 W와 Z 보존이 발견되기는 했으나 양성자 충돌실험은 하드론들의 상호작용이 매우 복잡하게 작용하기 때문에 여러 가지 구체적인 성질을 측정하기는 어려웠다. 반면 LEP와 같은 전자-양전자 충돌 데이터는 훨씬 분석하기가 쉽고 정밀한 측정을 할 수 있다. 첫 번째 충돌이 일어난 1989년 8월 13일부터 공식적으로 실험을 끝낸 2000년까지 LEP는 총 17,000,000개의 Z 보존을 만들어 Z 보존의 질량과 수명, W 보존의 질량과 수명, Z 보존과 쿼크 및 렙톤의 상호작용의 크기, 오른쪽 성분과 왼쪽 성분의 결합크기의 비 등을 양자역학의 효과 수준까지 정밀하게 검증했다. 또 가벼운 중성미자의 개수, 보텀 쿼크로 이루어진 B 메존의 섞임 현상, 중성 B 메존의 섞임이 시간에 따라 변하는 정도, LEP 에너지에서의 QCD 결합상수 등 중요한 측정 결과를 수없이 남겼다.

하지만 LEP에서도 톱 쿼크는 발견되지 않았다. 톱 쿼크는 생각했던 것보다 훨씬 무거웠던 것이다. LEP는 톱 쿼크를 직접 발견하지는 못했지만, 대신 톱 쿼크에 대해 강력한 실마리를 얻었다. LEP의 정밀도는 양자역학의 효과까지 측정하는 수준이었는데, '양자효과'란 일어날 수 있는 모든 일이 일어나는 것을 말한다. 즉 모든 입자들의 상호작용의 효과가 다 포함되게 되는데 톱 쿼크는 질량이 크기 때문에 많은 경우에 양자역학적 효과에 미치는 영향이 매우 크다. 따라서 양자역학의 효과를 측정하는 것은 간접적으로 톱 쿼크의 질량의 효과를 측정하는 것이 된다. 특히 B 메존의 섞임에는 톱 쿼크의 효과가 거의 대부분이다. 이러한 간접적인 효과로부터 LEP는 톱 쿼크의 질량을 162±24 GeV로 추산했다. 뒤에서 살펴보겠지만 이 값은 역시 충분히 정확한 값이었다.

LEP는 수차례 개량되며 충돌에너지를 차츰 높여갔다. 충돌에너지는 1999년 9월 202 GeV에 이르러 그해 말까지 유지되었다. CERN의 가속기 물리학자들은 가속기의 에너지를 최대한 높이기 위해 할 수 있는 일을 다 했다. 원래 설계된 최대 에너지는 200 GeV였으나 최종적으로 충돌에너지는 209 GeV에 달했다. 2000년 말 LEP는 가동을 멈추고, 다음 가속기를 위해 철거되었다. 그 자리에는 이제 미래를 여는 가속기, 거대한 '하드론 충돌기(LHC: Large Hadron Collider)'가 설치된다.

테바트론

그동안 여러 번 언급되었던 페르미 연구소는 1960년대 말 새로 설립된 미국의 가속기 연구소다. 애초부터 페르미 연구소는 '세계 최대의 가속기를 만들기 위해서'라는 지극히 미국적인 목적으로 설립된 연구소였다. 따라서 페르미 연구소의 주 가속기는 1971년 완성된 이래 최근 LHC가 완성되기 전까지 줄곧 세계 최대 가속기의 자리를 지켜왔다.

둘레 길이 약 6.4km인 주 가속기는 1971년 시험 가동 당시 양성자를 7 GeV까지 가속시키는 데 그쳤지만, 1972년 주 가속기를 본격적으로 가동하기 시작하자 1월 22일 양성자의 에너지가 20 GeV에 이르렀고, 2월 4일에는 53 GeV, 2월 11일에는 100 GeV를 돌파했다. 이전의 최대 가속기가 32 GeV 출력을 내는 브룩헤이븐 연구소의 AGS였으므로 새로운 가속기의 에너지는 경이로운 것이었다. 그해 3월 1일에는 가속 에너지가 200 GeV에 달했고, 이후에도 계속 기록을 갱신해 1973년 말에는 주로 300 GeV에서 가동되고 있었다. 마침내 1976년 5월

14일에는 가속기의 능력을 최대로 발휘해 무려 500 GeV로 양성자를 가속시키는 데 성공했다. 동급의 크기와 성능을 지닌 CERN의 SPS가 막 가동을 시작할 무렵이었다. 이후에도 SPS는 500 GeV까지는 도달하지 못했다.

그러나 페르미 연구소는 여기서 멈추지 않았다. 초대 소장이던 로버트 윌슨(Robert Rathbun Wilson)의 혜안은 초전도 자석을 이용하는 것만이 가속기의 미래라는 결론을 내리고, 연구소의 총력을 기울여 초전도 기술을 개발했다. 1977년 원래 가속기의 자석이 철거되고 초전도 자석이 설치되기 시작했다. 이로써 가속기는 같은 크기에서 거의 두 배의 에너지를 내어 1000 GeV, 즉 1 TeV의 에너지에 도달하게 될 것이었다. 이 가속기에는 '테바트론(Tevatron: Tera EV synchroTRON)'이라는 이름이 붙게된다. 또 테바트론은 에너지를 두 배로 올렸다고 해서 한때 '에너지 배가기(Energy Doubler)'라 불리기도 했다. 1983년 새로운 가속기가 가동을 시작했다.

테바트론은 1984년 2월 목표 에너지인 800 GeV에 도달했고, 1986년에는 900 GeV까지 가속에너지를 올렸다. 한편 연구소는 반양성자 기술을 함께 발전시켰고, 최종적으로는 테바트론을 양성자-반양성자 충돌장치로 완성했다. 가속 에너지가 900 GeV였으므로 충돌에너지는 무려 1.8 TeV에 달했다. 이것이 1986년 11월 30일의 일이었다. LEP와 거의 같은 시대에 가동되었지만 양성자 가속기인 테바트론의 충돌에너지가 훨씬 높았으므로 무거운 입자를 새로 찾는 데 있어서 전자 가속기인 LEP는 따라올 수가 없었다. 더구나 톱 쿼크는 강한 상호 작용에 의해 만들어지는 입자이므로 양성자-반양성자 충돌을 통해 만드는 것이 훨씬 유리했다.

　테바트론의 주 검출기는 'CDF'와 'D0'라는 두 검출기였는데, 두 팀은 1992년 10월경 각각 톱 쿼크로 보이는 신호를 발견, 검토하고 있었다. 데이터가 쌓여감에 따라 톱 쿼크로 보이는 신호가 차츰 뚜렷해졌다. 결국 문제는 데이터의 양이었다. 1994년 1월경 CDF 그룹 내부적으로 첫 보고서가 완성되어 검토에 들어갔고, 4월 22일에는 마침내 톱 쿼크로 보이는 약 174 GeV/c²의 입자가 존재한다는 증거를 제시하는 CDF 그룹의 논문이 발표되었다. 톱 쿼크가 오랜 탐색 끝에 모습을 드러내기 시작하고 있었다.

톱 쿼크를 발견한 테바트론 가속기의 CDF 검출기

당시 CDF 그룹이 제시한 톱 쿼크 신호는 모두 12개였다. 하지만 이 정도로는 새로운 입자가 존재한다고 주장하기에는 부족했다. 그리고 D0 그룹은 아직 톱 쿼크의 증거를 충분히 찾지 못하고 있었다. 이듬해인 1995년 CDF 그룹은 31개의 톱 쿼크를 추가로 확보했다. 이로써 CDF는 모두 43개의 톱 쿼크를 관측한 셈이다. 이제 새로운 입자를 발견했다고 말할 수 있는 단계가 된 것이다.

1995년 2월 17일 오후 1시 30분, 평소 약 30명 정도가 참여하던 CDF 그룹의 회의실은 바닥에도 앉을 자리가 없을 만큼 많은 멤버들로 붐비고 있었다. 이날 CDF 그룹의 대표인 빌 캐리더(Bill Carithers) 박사는 공식적으로 그룹 멤버들에게 "우리가 톱 쿼크를 발견했다."고 선언했다. 보텀 쿼크가 발견된 지 18년 만에 마침내 짝을 찾게 된 것이다. 2주 후인 3월 2일, CDF와 D0 두 그룹은 99.9998%의 신뢰도로 톱 쿼크를 발견했음을 대외에 발표했다.[30] 그들이 발표한 입자의 질량은 176±18 GeV/c²였다.[31] 이는 LEP에서 간접적으로 예측한 값과도 일치하는 값이다.

그후 많은 데이터로부터 현재 톱 쿼크의 질량은 173.5±0.6 ±0.8 GeV/c2로 알려져 있다. 이는 지금까지 발견된 모든 기본 입자 중 가장 무거운 입자다. 이 정도의 무게는 놀랍게도 거의 금 원자의 무게에 가까운 것이다.

힉스 보존

새로운 입자 발견

2012년 7월 4일 스위스 제네바 근교에 위치한 CERN 대강당에는 사람이 가득 차 있었다. 젊은 연구원들과 학생들은 많지 않은 자리를 잡기 위해 전날 밤부터 강당 앞에서 기다렸고, 수백 명은 결국 입장을 못해 밖에서 스크린만 바라봐야 했다. 9시가 조금 넘자 세미나가 시작되었다. 이날 열린 세미나는 CERN에서 건설한 역사상 최대의 가속기 실험인 거대한 하드론 충돌장치(LHC)의 주 검출기인 CMS와 ATLAS 그룹이 2012년 상반기까지 얻은 데이터로부터 힉스 입자 탐색 결과를 발표하기 위한 것이었다. 먼저 발표를 시작한 CMS 그룹 대표인 조

인칸델러(Joe Incandela)가 두 개 광자 신호의 에너지 분포를 보여 주었다. 거기에는 새로운 입자를 의미하는 피크가 분명하게 드러나 있었다. 인칸델러가 질량이 약 125 GeV/c²인 새로운 입자가 존재할 가능성이 99.9999%라고 보고한 순간 청중들 사이에서 첫 번째 박수가 터져 나왔다. 물리학 세미나에서 발표 중간에 박수가 나오는 것은 매우 드문 일이다.

인칸델러는 그 밖의 여러 가지 신호에서도 새로운 입자가 존재하는 증거가 나왔다고 발표했고 그때마다 박수가 계속되었다. 인칸델러의 발표에 이어 ATLAS 그룹 대표인 파비올라 지아노티(Faviola Gianotti)가 ATLAS 검출기에서 나온 데이터의 분석 결과를 발표했다. 파비올라도 마찬가지로 두 개의 광자 신호에서, 그리고 네 개의 렙톤 신호에서 거의 비슷한 질량의 새로운 입자가 존재한다고 발표했고 역시 박수를 받았다. 두 세미나가 끝나고 CERN의 소장 롤프 호이어(Rolf-Dieter Heuer)는 "우리는 새로운 입자를 보았다(observation)."고 선언했다. 청중들은 기립박수로 새로운 입자의 발견을 축하했다. 오십년이 넘는 CERN의 역사에서, 아니 입자물리학의 역사에서도 가장 특별한 순간이었다.[32]

LHC

표준모형은 기본입자들의 상호작용을 설명하는 데 있어 인간이 그동안 쌓아온 어떤 지식보다도 더 완벽에 가까운 성공을 거두었다. 사실 표준모형의 핵심이 들어있는 와인버그의 1967년 논문이 나온 이래 20세기가 저물 때까지 40년에 가까운 세월 동안, LEP와 테바트론에 이르기까지 무수한 실험을 통해 표준모형의 모든 부분이 가능한 한 정확하게 검증되었으며 모두 정확히 일치했다. 유일하게 표준모형이 설명하지 못하는 실험 결과는 중성미자의 질량 부분인데, 이 점에 대해서는 표준모형이 '틀렸다'라기보다 표준모형에 '빠져있다'라는 것이 정확한 표현일 것이다.

21세기에 들어서 입자물리학의 제일 중요한 과제는 표준모형에서 유일하게 관측되지 않은 입자인 힉스 보존을 직접 관측해 전자기 약작용이 어떻게 깨지는가를 검증하는 일이다. 이를 위해 또다시 새로운 차원의 거대한 가속기가 등장한다. CERN은 전자-양전자 충돌장치였던 LEP 실험을 마친 뒤, LEP를 완전히 철거하고 이번에는 같은 터널에 양성자-양성자 충돌장치를 설치하기 시작했다. 이미 15년 전부터 논의되고 연구되었던 이 가속기의 이름은 '거대 하드론 충돌장치(Large Hadron Collider)', 즉 LHC였다.[33)]

LHC는 이전의 가장 높은 출력의 가속기였던 미국의 테바트론보다 둘레 길이가 약 4배, 가속 에너지는 최대 7배나 더 큰 역사상 최대의 가속기다. LHC는 35톤 무게의 초전도 전자석을 1,200개 이상 사용하며, 초전도 상태를 유지하기 위해 26km가 넘는 가속기 전체를 액체 헬륨으로 채워 영하 271.3도라는 상상하기도 어려운 온도로 냉각한 채 가동한다. 효율을 위해 LHC는 이미 약 400 GeV로 가속된 양성자 빔을 받아 최종적으로는 7 TeV까지 가속시키도록 설계되었다. 이를 위해 테바트론과 거의 비슷한 크기의 가속기인 CERN의 SPS조차 LHC의 예비 가속기로 이용된다.

2008년 9월 완공되어 스위치를 올린 LHC는 본 실험에 들어가기 전 전자석의 접속부에 과전류가 흐르면서 액체 헬륨을 둘러싸고 있는 관에 구멍이 뚫리는 사고가 발생했다. 액체 헬륨이 새어나와 기화되면서 생긴 엄청난 압력으로 700m에 이르는 범위에 걸쳐 가속기가 손상을 입었다. 실험은 전면 중단되었고, 거의 1년 동안 LHC는 고장 부분을 수리했으며 재발 방지를 위해 새로운 안전장치를 추가했다. 다음 해 11월 LHC는 다시 가동되었고, 이번에는 순조롭게 빔 에너지를 높이고 충돌 테스트를 수행했다. 단 안전을 위해 당분간 LHC는 원래 설계된 에너지의 절반인 3.5 TeV까지만 양성자를 가속시켜서 7 TeV에서 충돌을 일으키기로 했다. 몇 년 후 기계 전체를 전면 개량한 뒤 원래 목표치인 14 TeV의 충돌실험을 재개할 예정이다.

LHC는 2010년부터 정식으로 충돌 실험을 시작하고 연구용 데이터를 모으기 시작했다. 기계는 예상보다 훨씬 순조롭게 가동되었고, 원래 설계된 대로 충분한 성능을 내기 시작했다. 데이터 분석 과정도 순조로웠다. LHC의 충돌에너지는 지금까지 인류가 단 한 번도 직접 실험해보지 못한 영역이기 때문에 아무리 치밀한 설계를 했다고 해도 가속기와 검출기가 예상처럼 정확히 작동할 것이라고는 아무도 장담할 수 없는 것이다. 더구나 입자물리학 실험은 현대 테크놀로지의 극한을 적용하는 상상하기 어려울 만큼 정밀한 작업이다. 그러나 다행히도 LHC의 모든 검출기들은 모두 잘 가동되었고, 데이터의 분석 작업도 예상을 뛰어넘을 만큼 순조롭게 이루어졌다.

2011년에는 2010년 데이터의 무려 150배에 이르는 데이터를 얻었다. 기본입자의 상호작용은 오직 확률적으로만 결정된다. 그러니까 우리는 힉스 입자가 생성될 확률만을 알고 있고, 따라서 힉스 입자를 충분히 만들기 위해서는 데이터를 많이 얻는 것이 가장 중요하다. 2011년 예상보다 많은 데이터를 얻음에 따라 CERN에서는 2011년 12월 13일 공개 세미나를 열어 2011년 LHC 데이터로부터 얻어진 힉스 입자 탐색 결과를 발표했다. 예상하지 못했던 공개 세미나에 전 세계의 물리학자들은 모두 긴장했다. 발표 내용은 표준모형의 힉스 입자가 존재한다면 질량이 116~130 GeV/c² 범위에(ATLAS), 그리고 115~127 GeV/c² 범위에(CMS) 존재한다는 것이다. 깜짝쇼를 보게 될 것으로 생각했던 사람이라면 실망스러웠을 수도 있겠지만, 물리학 세미나에서 그런 것을 기대하면 곤란하다. 그러나 특별 세미나를 개최할 만큼 솔깃한 이야기도 있었다. 그것은 두 그룹 모두 질량이 125 GeV/c² 근방에서 힉스 입자일 가능성이 있는 신호를 보았다는 것이다. 이 신호는 앞의 발견에서 보았듯이 주로 두 개의 광자에서 나타났는데 아직 데이터가 충분하지 않아 이 신호가 새로운 입자의 결과인지, 데이터의 통계적 처리에서 나타날 수 있는 오차인지를 결정적으로 말해 줄 수는 없었다. 그러나 전혀 다른 두 실험이 거의 같은 위치에서 신호를 보았다는 것은 대단히 고무적이었다. 드디어 힉스 입자의 실마리가 눈앞에 아른거리기 시작한 것이다.

자신감을 되찾은 CERN은 2012년에 충돌에너지를 8 TeV로 올리기로 결정했다. 이는 첫 번째 목표인 힉스 보존을 찾는 데 유리하기 때문이었다. 왜 충돌에너지가 커지면 힉스 보존을 찾기가 유리해지는지 설명하려면 상당히 전문적인 세부 사항을 알아야 하므로 여기서 자세히 설명하기는 힘들다. 간단히 말하면 에너지가 높을수록 양성자와 양성자가 충돌할 때 강한 핵력을 전달하는 게이지 입자인 글루온(gluon)의 충돌 확률이 높아지는데, 힉스 보존은 글루온의 충돌에서 가장 많이 만들어지기 때문이다.

2012년 LHC의 데이터는 더욱 더 가파르게 증가해 채 석 달도 지나기 전에 2011년에 얻은 만큼의 데이터를 얻었다. 그에 따라 CERN은 다시 7월 4일 공개 세미나를 열었고, 여기서 이 장의 첫머리에서 묘사한 장면이 벌어졌다. 드디어 힉스 보존이, 적어도 그에 해당하는 입자가 모습을 드러낸 것이다! 가속기의 효율은 더욱 좋아져서 2012년 12월까지 LHC의 ATLAS와 CMS팀이 얻은 데이터는 2011년 데이터의 4배에 달했다. 자, 그럼 이제 LHC에서 발견했다는 입자인 힉스 보존이 무엇인지 알아보도록 하자.

힉스 메커니즘

앞의 장에서 힉스 메커니즘이 약한 핵력의 게이지 대칭성을
깨는 방법이라고 이야기했다. 그런데 사실 게이지 대칭성 뿐 아
니라 자연에 존재하는 모든 대칭성은 늘 정확하게 성립하는 것
이 아니고 현실에서 대부분 깨어져 있다. 그리고 그 결과로 자
연 현상은 더 풍부하게 존재한다. 우리가 주변을 둘러보면 그렇
다는 것을 곧 느낄 수 있다.

대칭성이 깨진다는 것에 주목한 최초의 사람 중 하나는 피
에르 퀴리(Pierre Curie)다. 퀴리는 대칭성이 깨지면서 물리적 현상
이 나타남을 간파했다. 대칭성은 여러 가지 방식으로 깨질 수
있는데, 그중 자발적(spontaneously)으로 대칭성이 깨진다는 것은
특히 중요한 과정이다. 이 아이디어는 1928년 베르너 하이젠베
르크(Werner Heisenberg)가 철이나 니켈처럼 영구자석이 되는 금
속의 자기적 성질을 설명하면서 처음 제안한 과정이다. 1947
년 소련의 보골류보프(Nicholay Bogoliubov)는 낮은 온도에서 유체
의 점성이 사라지는 현상인 '초유동(superfuidity) 현상'을 설명하
면서, 또 소련의 긴즈버그(Vitaly Lazarevich Ginzburg)와 란다우(Lev
Davidovich Landau)는 1950년 금속의 전기저항이 낮은 온도에서
0이 되는 현상인 초전도(superconductivity)를 설명하면서 이 과정
에서 자발적 대칭성 깨짐이 일어남을 지적했다. 자발적 대칭성
깨짐을 이용해 초전도 현상을 설명하는 이론은 1957년 미국
의 존 바딘(John Bardeen), 리언 쿠퍼(Leon Neil Cooper), 그리고 바딘

의 대학원생 슈리퍼(John Robert Schrieffer)에 의해 완성되었는데, 이 이론은 그들의 이름을 따서 'BCS 이론'이라 불린다. BCS 이론은 물성에 관한 이론의 금자탑 중 하나다.

자발적 대칭성 깨짐이 무엇인가를 느껴보기 위해 하이젠베르크의 자성 이론을 간단히 살펴보자. 철처럼 영구자석이 되는 금속은 아주 작은 자석들로 이루어졌다고 생각할 수 있다. 보통의 경우에는 작은 자석들이 제각각의 방향을 향하고 있어 자성이 서로 상쇄되고, 전체적으로는 자기를 갖지 않는 것으로 보인다. 그러면 이 물질은 특정한 방향성을 가지고 있지 않고 모든 방향에 대해 대칭적이다. 이제 온도가 점점 내려가면 작은 자석들은 점점 한 방향으로 정렬하게 되고(앞에서 이야기한 '냉각') 마침내 가장 낮은 에너지 상태가 되면 전체가 모두 같은 방향을 가리키게 된다. 그러면 이제 이 물질에는 특정한 방향성이 생겼다. 따라서 원래 가지고 있던 방향에 대한 대칭성이 깨진 것이다. 이렇게 이론의 대칭성은 남아 있지만 계의 더 낮은 에너지 상태에서 우리가 보는 현상은 대칭성이 깨진 것일 때 이를 '대칭성이 자발적으로 깨졌다'고 말한다. 이때 자석의 방향을 결정하는 물리적인 방법은 없으며 이 방향은 전적으로 우연히 정해진 것이다.

'자발적으로 깨지는 대칭성'이라는 아이디어는 시카고 대학의 교수였던 일본 출신의 남부(Nambu Yōichiro), 케임브리지 대학의 골드스톤(Jefferey Goldstone) 등에 의해 1960년대 초반 입자물리학에 처음 도입된다. 특히 골드스톤은 모든 시공간에서 똑같이 변환하는 광역 대칭성이 자발적으로 깨질 때는 반드시 질량이 없고 스핀이 0인 입자가 존재한다는 것을 보였다. 그런데 우리가 아는 한 질량이 없는 입자는 빛을 제외하고는 존재하지 않는다. 따라서 자발적 깨짐이 과연 입자물리학에서 실제 일어나는가는 불확실했다.

1963년 물성 물리학자인 앤더슨(Philip Warren Anderson)은 초전도 현상에서 전자기 대칭성이 자발적으로 깨진다는 것을 지적했다. 이는 게이지 대칭성이 자발적으로 깨지는 과정을 논한 첫 논문이었고, 사실상 힉스 메커니즘을 이야기한 것이라고 할 수 있다. 그러나 이 논문은 상대성 이론이 적용되지 않는 범위에 대해서만 논의하고 있었다.

W와 Z 보존을 이야기할 때 잠깐 언급했지만, 1964년 마침내 여러 물리학자들이 각각 독립적으로 게이지 대칭성이 자발적으로 깨지는 과정을 설명하는 데 성공했다. 그것은 우리 우주에 우주를 가득 채우고 있는 스칼라 장이 있어서 이 스칼라 장이 특정한 값을 가질 때 우주가 더 낮은 에너지 상태이며, 가장 낮은 에너지 상태가 게이지 대칭성이 깨진 상태라면 이론적으로는 게이지 대칭성이 성립하면서도 드러나는 현상은 게이지 대칭성이 깨진 것처럼 보인다는 것이다. 그 결과 가장 낮은 에너지 상태에서는 게이지 입자도 질량을 가진다. 이 과정을 '힉스 메커니즘'이라 부르고, 이 스칼라 장을 '힉스 장'이라고 부른다. 특히 힉스의 논문에는 게이지 이론이 자발적으로 깨질 때는 골드스톤의 결론이 수정되어 질량이 없는 골드스톤 보존

이 아니라 질량을 가진 스칼라 입자가 나타난다는 것이 제시되었다. 이게 바로 '힉스 입자(Higgs boson)'다.

지금까지 본 것처럼 힉스 메커니즘, 그리고 힉스 입자라는 개념이 태어나기까지에는 여러 사람이 꾸준히 이론을 발전시켜 온 지난한 과정이 숨어있다. 힉스 메커니즘 자체는 사실 세 팀이 거의 동시에 발견한 것인데, 이 이론에 유독 힉스의 이름이 붙게 된 데도 사연이 있다. 피터 힉스(Peter Higgs)의 기억에 의하면 1972년 미국 페르미연구소에서 열린 컨퍼런스에서 당시 페르미연구소 이론물리학 부장이며 대표 발표자였던 한국 출신의 이휘소 박사가 약한 상호작용의 여러 이론을 언급하면서 처음으로 '힉스 메손(Higgs meson)'이라는 말을 쓰면서부터였다고 한다.[34]

힉스 보존을 어떻게 볼 것인가.

힉스 메커니즘은 실제로 자연에 존재하는가? 약한 핵력이 무거운 W와 Z 보존을 통해 전달된다는 사실로부터 힉스 메커니즘이 자연의 원리로서 작동하고 있다고 생각할 수도 있다. 그러나 정말로 힉스 메커니즘이 일어나고 있다는 것을 확인하려면 결국 힉스 보존을 직접 확인해야만 한다.

스티븐 와인버그가 힉스 메커니즘을 도입해 약한 핵력의 이론을 수립하면서 W와 Z 보존 뿐 아니라 힉스 입자에 대해서도 우리가 구체적인 현상을 생각할 수 있게 되었다. 사실 와인버그의 이론은 힉스 입자에 대해 아무 실마리가 없기 때문에 힉스 메커니즘을 가장 간단한 형태라고 가정했다. 그 결과 표준모형에는 전기적으로 중성인 힉스 보존 하나만이 존재한다. 만약 이 가정을 수정한다면 힉스 입자의 형태는 훨씬 더 복잡해질 수 있다. 여러 개의 힉스 보존이 있을 수 있고, 그 중에는 전기를 띤 힉스 보존이 있을 수도 있다. 그것은 실험을 통해서 결정되어야 한다. 힉스 보존의 질량은 힉스 메커니즘 자체로는 결정되지 않는다. 이 값 역시 실험적으로 결정되어야 하며 톱 쿼크를 찾을 때처럼 발견될 때까지 계속 찾아보는 수밖에 없다. W와 Z 보존이 발견되자 물리학자들은 지금까지 등장했던 트리스탄과 LEP, 테바트론 등 많은 가속기에서 열심히 힉스 입자를 찾으려 애썼다.

힉스 입자의 독특함이 드러나는 곳은 힉스 입자가 다른 입자와 결합하는 방식이다. 우리 우주의 현재 에너지 상태가 힉스 장에 의해 결정되기 때문에 힉스 장의 성질이 그대로 나타나서 우리 우주의 상태는 약한 상호작용을 하는 상태다. 이것은 우리 우주에서 아주 중요한 성질이다. 왜냐하면 전자와 같은 페르미온의 질량은 왼쪽 성분과 오른쪽 성분 사이를 연결하는 역할을 하는데, 약한 핵력은 전자와 같은 물질에 좌우 비대칭적으로 작용하기 때문에 질량이 그냥 존재할 수는 없게 만들기 때문이다. 다행히 우주의 상태 그 자체가 약한 상호작용을 하기 때문에 우리 우주에서는 전자와 같은 물질의 왼쪽 성분과 오른쪽 성분, 그리고 우주의 상태를 결정하는 힉스 장의 값이 합쳐져 질량이 생길 수 있다. 그 때문에 힉스와 물질이 결합하는 크기는 물질의 질량에 비례한다.

그런데 가속기에서 사용하는 입자는 모두 아주 가벼운 입자들이다. 전자는 물론이고 양성자를 이루는 업 쿼크와 다운 쿼크는 모두 가장 가벼운 쿼크들이다. 그러므로 가속기에서 힉스 입자가 만들어질 확률은 아주 적어 보인다. 그래서 힉스 입자는 주로 복잡한 양자역학적 과정을 통해 만들어진다. LEP에서 관측한 톱 쿼크의 간접적인 효과를 이야기할 때 본 것처럼 양자역학적 과정에는 톱 쿼크와 같은 무거운 입자들이 관여하게 된다. 그런데 톱 쿼크는 엄청나게 무거우므로 힉스 보존과 매우 크게 결합한다. 따라서 톱 쿼크의 양자역학적 과정에서 힉스 보존이 발생할 수 있고, 그 확률은 전자나 가벼운 쿼크가 힉스 보존을 만들어낼 확률보다 훨씬 크다. LHC에서 힉스 보존이 만들어지는 가장 중요한 과정은 글루온과 글루온이 톱 쿼크 쌍을 만들고, 이들 톱 쿼크 쌍이 힉스 보존을 만드는 과정이다.

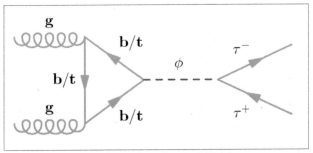

글루온과 글루온이 충돌해 힉스 보존이 만들어지고,
다시 타우 렙톤 쌍으로 붕괴하는 과정

또한 힉스 보존과 물질이 결합하는 크기가 물질의 질량에 비례하기 때문에 힉스 보존이 붕괴해서 나오는 흔적도 독특한 패턴을 가진다. 즉 보텀 쿼크나 타우 렙톤처럼 무거운 입자로 붕괴할 확률이 상대적으로 높으며, 질량에 따라 다르지만 W나 Z 보존 쌍으로 붕괴할 확률도 매우 크다. 톱 쿼크 쌍으로는 붕괴하지 않는데, 이는 톱 쿼크가 너무 무거워서 힉스 보존의 질량으로는 톱 쿼크 쌍을 만들지 못하기 때문이다. 반면 지금까지 새로운 입자를 찾을 때 중요했던 전자나 뮤온 쌍으로는 거의 붕괴하지 않는다. 그래서 검출기에서 힉스 보존을 찾는 방법도 다른 입자와는 많이 다르다.

이상과 같이 표준모형을 기반으로 우리가 이해하고 있는 지식을 통해 LHC의 두 실험 그룹인 ATLAS와 CMS는 힉스 보존의 성질과 상당 부분 일치하는 새로운 입자를 발견한 것이다. 이제 이 새로운 입자가 표준모형의 힉스 보존과 완전히 일치하는지 아니면 새로운 성질을 보일 것인지는 앞으로 더 많은 연구를 통해 해결해야 할 것이다.

주

1) 당시 이들 만큼이나 일본의 입자물리학 발전에 중요한 역할을 했던 사카타 쇼이지(坂田 昌一)는 교토와 도쿄의 중간 지점인 나고야 대학에서 많은 제자들을 기르며 활약했다. 2008년 노벨 물리학상을 수상한 고바야시 마코토(小林誠)와 마스카와 도시히데(益川敏英)가 바로 사카타의 제자들이다. 이를 보면 일본 물리학의 저변이 얼마나 풍부한지를 느낄 수 있다.

2) 유카와가 발견한 입자를 '중간자'라 부르기도 한다. 이름에 대해서는 5장에서 좀 더 자세히 설명한다.

3) J. Steinberger, "On the Use of Subtraction Fields and the Lifetimes of Some Types of Meson Decay", *Phys. Rev.* 76, p.1180, 1949.

4) J. Steinberger, W. K. H. Panofsky and J. Steller, "Evidence for the Production of Neutral Mesons by Photons", *Phys. Rev.* 78, p.802, 1950.

5) '메가-'와 '기가-'는 컴퓨터에서 데이터의 양을 표시하는 데 많이 쓰이고 있으므로 독자들에게 익숙하리라고 생각한다.

6) E. M. McMillan, "The Synchrotron – A proposed high energy, Particle accelerator", *Phys. Rev.* 68, p.143, 1945.

7) M. O. Oliphant, *The acceleration of particles to very high energies*, Classified memo submitted to DSIR, United Kingdom, Sept. 1943, now in University of Birmingham Archive.

8) V. I. Veksler, "A new method of accelerating relativistic particles", *Comptes Rendus (Dokaldy) de l''Academie Sciences de l''URSS*, 43, 8, p.329, 1944.

9) Owen Chamberlain, Emilio Segrè, Clyde Wiegand and Thomas Ypsilantis, "Observation of Antiprotons", *Phys. Rev.* 100, p.947, 1955.

10) Y. Ne'eman, Nucl. Phys. 26, p.222, 1961.

11) 특히 입자물리학 분야에서는 논문이 완성되면 학술지에 출판되는 것과는 별개로 먼저 나누어보고 서로 논의하는 전통이 있다. 그래서 예전에는 큰 연구소에 가면 세계 여러 대학 및 연구소에서 보내온 배포본들이 늘 보관되어 있었다. 이런 전통은 인터넷 시대로 접

어들면서 처음에는 이메일로 논문을 배포하는 형태로, 현재는 웹을 기반으로 하는 데이터베이스 형태로 바뀌었다. 인터넷 상에서 이 일을 시작한 사람은 입자물리학자인 폴 긴스파그(Paul Ginsparg)다. 긴스파그는 로스 알라모스 연구소의 후원으로 1991년부터 논문 배포본 데이터베이스를 구축했으며, 그 업적으로 2002년 맥아더 상을 받기도 했다. 이 사이트는 지금은 코넬 대학에 의해 운영되며 전 세계적으로 14개의 미러 사이트가 있다. 처음에는 물리학 분야의 논문만을 받았으나 현재는 수학, 천문학, 컴퓨터 과학, 비선형 과학, 정량적 생물학, 금융공학, 통계학 등으로 확장되었고, 보유하고 있는 논문은 50만 편이 넘는다. 그러나 입자물리학 외의 다른 분야에서는 이 데이터베이스를 이용하는 일이 그다지 중요하지 않은 듯하다.

12) Murray Gell-Mann, "Symmetries of baryons and mesons", *Phys. Rev.* 125, p.1067, 1962.

13) V. E. Barnes, "Observation fo a hyperon with a strangeness minus three", *Phys. Rev. Lett.* 12, p.204, 1964.

14) E598 Collaboration (J.J. Aubert et al.), "Experimental Observation of a Heavy Particle J", *Phys. Rev. Lett.* 33, p.1404, 1974. ; SLAC-SP-017 Collaboration (J.E. Augustin et al.), "Discovery of a Narrow Resonance in e+ e- Annihilation", *Phys. Rev. Lett.* 33, p.1406, 1974.

15) 이강영, 『보이지 않는 세계』, 휴먼사이언스, 2012.

16) Gerardus 't Hooft, *In search of the ultimate building blocks*, Cambridge University Press, 1996.

17) P. W. Higgs, "Broken Symmetries and the Masses of Gauge Bosons", *Phys. Rev. Lett.* 13, p.508, 1964.

18) F. Englert, R. Brout, "Broken Symmetry and the Mass of Gauge Vector Meson", *Phys. Rev. Lett.* 13, p.321, 1964.

19) G. S. Guralnik, C. R. Hagen, T. W. B. Kibble, "Global Conservation Laws and Massless Particles", *Phys. Rev. Lett.* 13, p.585, 1964.

20) S. Weinberg, "A Model of Leptons", *Phys. Rev. Lett.* 19, p.1264, 1967.

21) C. Rubbia, P. McIntyre, D. Cline, *Producing Massive Neutral Intermediate Vector Bosons with Existing Accelerators*, Proceedings of International Neutrino Conference, 1976.

22) 이 실험이 끝난 뒤 *SppS*는 양성자를 약 400 GeV로 가속시키는 본래의 SPS로 돌아왔다. 그리고 지금도 LHC의 예비 가속기를 비롯해 여러 실험에 사용되고 있다.

23) http://cern-discoveries.web.cern.ch/cern-discoveries/Courier/HeavyLight/Heavylight.html

24) UA1 Collaboration (G. Arnison et al.), "Experimental Observation of Isolated Large Transverse Energy Electrons with Associated Missing Energy at $\sqrt{s}$ =540 GeV", *Phys. Lett.* B122, p.103, 1983.

25) UA2 Collaboration (M. Banner et al.), "Observation of single isolated electrons of high transverse momentum in events with missing transverse energy at the CERN $p\bar{p}$ collider", *Phys. Lett.* B122, p.476, 1983.

26) UA1 Collaboration (G. Arnison et al.), "Experimental Observation of Lepton Pairs of Invariant Mass Around 95 GeV/c² at the CERN $p\bar{p}$ SPS Collider", *Phys. Lett.* B126, p.398, 1983.

27) UA2 Collaboration (P. Bagnaia et al.), "Evidence for $Z^0 \rightarrow e^+e^-$ at the CERN Collider", *Phys. Lett.* B129, p.130, 1983.

28) TRISTAN Project Group, *KEK Report*, 86-14, 1987.

29) 64 GeV의 절반인 32 GeV/c²가 아니고 그보다 더 큰 이유는 양자역학적인 효과에 의해 쿼크-반쿼크 쌍에서 한 쪽은 가상 입자로 나올 수 있기 때문이다.

30) CDF Collaboration (F. Abe et al.), "Observation of Top Quark Production in p̄ p Collisions with the Collider Detector at Fermilab", *Phys. Rev. Lett.* 74, p.2626, 1995. ; D0 Collaboration (S. Abachi et al.), "Search for High Mass Top Quark Production in p̄p Collisions at $\sqrt{s}$ =1.8 TeV", *Phys. Rev. Lett.* 74, p.2422, 1995.

31) 김동희, 『톱쿼크 사냥』, 민음사, 1996.

32) CERN *experiments observe particle consistent with long-sought Higgs boson*, CERN press release, 4 July, 2012.

33) 이강영, 『LHC 현대물리학의 최전선』, 사이언스북스, 2011.

34) P. Higgs, *My Life as a Boson*, talk presented at Kings College London, Nov. 24th, 2010.

파이온에서 힉스 입자까지 가속기에서 발견된 입자들

펴낸날	초판 1쇄	2013년	2월	5일	
	초판 2쇄	2015년	7월	24일	

지은이	**이강영**
펴낸이	**심만수**
펴낸곳	**(주)살림출판사**
출판등록	**1989년 11월 1일 제9-210호**

주소	**경기도 파주시 광인사길 30**
전화	**031-955-1350**　　**팩스 031-624-1356**
기획 · 편집	**031-955-1365**
홈페이지	**http://www.sallimbooks.com**
이메일	**book@sallimbooks.com**

ISBN	**978-89-522-2308-1　04080**

※ 값은 뒤표지에 있습니다.
※ 잘못 만들어진 책은 구입하신 서점에서 바꾸어 드립니다.

함께 읽으면 좋은 책

경제 · 실용

122 모든 것을 고객중심으로 바꿔라 `eBook`

안상헌(국민연금관리공단 CS Leader)

고객중심의 서비스전략을 일상의 모든 부분에 적용해야 한다는 가르침을 주는 책. 나 이외의 모든 사람을 고객으로 보고 서비스가 살아야 우리도 산다는 평범한 진리의 힘을 느끼게 해 준다. 피뢰침의 원칙, 책임공감의 원칙, 감정통제의 원칙, 언어절제의 원칙, 역지사지의 원칙이 사람을 상대하는 5가지 기본 원칙으로 제시된다.

233 글로벌 매너

박한표(대전와인아카데미 원장)

매너는 에티켓과는 다르다. 에티켓이 인간관계를 원활하게 해주는 사회적 불문율로서의 규칙이라면, 매너는 일상생활 속에 에티켓을 적용하는 방식을 말한다. 삶을 잘 사는 방법인 매너의 의미를 설명하고, 글로벌 시대에 우리가 기본적으로 갖추어야 할 국제매너를 구체적으로 소개한 책. 삶의 예술이자 경쟁력인 매너의 핵심 내용을 소개한다.

350 스티브 잡스 `eBook`

김상훈(동아일보 기자)

스티브 잡스는 시기심과 자기과시, 성공에의 욕망으로 똘똘 뭉친 불완전한 사람이었다. 하지만 동시에 강철 같은 의지로 자신의 불완전함을 극복하고 사회에 가치 있는 일을 하고자 노력했던 위대한 정신의 소유자이기도 하다. 이 책은 스티브 잡스의 삶을 통해 불완전한 우리 자신에 내재된 위대한 본성을 찾아내고자 한다.

352 워런 버핏 `eBook`

이민주(한국투자연구소 버핏연구소 소장)

'오마하의 현인'이라고 불리는 워런 버핏. 그는 일찌감치 자신의 투자 기준을 마련한 후, 금융 일번지 월스트리트가 아닌 자신의 고향 오마하로 와서 본격적인 투자사업을 시작한다. 그의 성공은 성공하는 투자의 출발점은 결국 자기 자신이라는 점을 보여 준다. 워런 버핏의 삶을 통해 세계 최고의 부자는 어떻게 만들어지는가를 살펴보자.

145 패션과 명품　eBook

이재진(패션 칼럼니스트)

패션 산업과 명품에 대한 이해를 돕는 책. 샤넬, 크리스챤 디올, 아르마니, 베르사체, 버버리, 휴고보스 등 브랜드의 탄생 배경과 명품으로 불리는 까닭을 알려 준다. 이 밖에도 이 책은 사람들이 명품을 찾는 심리는 무엇인지, 유명 브랜드들이 어떤 컨셉과 마케팅 전략을 취하는지 등을 살펴본다.

434 치즈 이야기　eBook

박승용(천안연암대 축산계열 교수)

우리 식문화 속에 다채롭게 자리 잡고 있는 치즈를 여러 각도에서 살펴 본 작은 '치즈 사전'이다. 치즈를 고르고 먹는 데 필요한 아기자기한 상식에서부터 나라별 대표 치즈 소개, 치즈에 대한 오해와 진실, 와인에 어울리는 치즈 선별법까지, 치즈를 이해하는 데 필요한 지식과 정보가 골고루 녹아들었다.

435 면 이야기　eBook

김한송(요리사)

면(국수)은 세계 각국으로 퍼져 나가면서 제각기 다른 형태로 조리법이 바뀌고 각 지역 특유의 색깔이 결합하면서 독특한 문화 형태로 발전했다. 칼국수를 사랑한 대통령에서부터 파스타의 기하학까지, 크고 작은 에피소드에 귀 기울이는 동안 독자들은 면의 또 다른 매력을 발견할 수 있을 것이다.

436 막걸리 이야기　eBook

정은숙(기행작가)

우리 땅 곳곳의 유명 막걸리 양조장과 대폿집을 순례하며 그곳의 풍경과 냄새, 무엇보다 막걸리를 만들고 내오는 이들의 정(情)을 담아내기 위해 애쓴 흔적이 역력하다. 효모 연구가의 단단한 손끝에서 만들어지는 막걸리에서부터 대통령이 애호했던 막걸리, 지역 토박이 부부가 휘휘 저어 건네는 순박한 막걸리까지, 또 여기에 막걸리 제조법과 변천사, 대폿집의 역사까지 아우르고 있다.

253 프랑스 미식 기행 eBook

심순철(식품영양학과 강사)

프랑스의 각 지방 음식을 소개하면서 거기에 얽힌 역사적인 사실과 문화적인 배경을 재미있게 소개하고 있다. 누가 읽어도 프랑스 음식문화에 대해 어느 정도 이해할 수 있도록 복잡하지 않게, 이야기하듯 쓰인 것이 장점이다. 프랑스로 미식 여행을 떠나고자 하는 이에게 맛과 멋과 향이 어우러진 프랑스의 역사와 문화를 소개하는 책.

132 색의 유혹 색채심리와 컬러 마케팅 eBook

오수연(한국마케팅연구원 연구원)

색이 인간에게 미치는 영향과 이를 이용한 컬러 마케팅이 어떤 기법으로 발전했는가를 보여 준다. 색은 생리적 또는 심리적 면에서 사람들에게 많은 영향을 미친다. 컬러가 제품을 파는 시대'의 마케팅에서 주로 사용되는 6가지 대표색을 중심으로 컬러의 트렌드를 읽어 색이 가지는 이미지의 변화를 소개한다.

447 브랜드를 알면 자동차가 보인다

김흥식(「오토헤럴드」 편집장)

세계의 자동차 브랜드가 그 가치를 지니기까지의 역사, 그리고 이를 위해 땀 흘린 장인들에 관한 이야기. 무명의 자동차 레이서가 세계 최고의 자동차 브랜드를 일궈내고, 어머니를 향한 아들의 효심이 최강의 경쟁력을 자랑하는 자동차 브랜드로 이어지기까지의 짧지 않은 역사가 우리 눈에 익숙한 엠블럼과 함께 명쾌하게 정리됐다.

449 알고 쓰는 화장품 eBook

구희연(3020안티에이징연구소 이사)

화장품을 고르는 당신의 기준은 무엇인가? 우리는 음식을 고르듯 화장품 선택에 꼼꼼한 편인가? 이 책은 화장품 성분을 파악하는 법부터 화장품의 궁합까지 단순한 화장품 선별 가이드로써의 역할이 아니라 궁극적으로 당신의 '아름답고 건강한 피부'를 만들기 위한 지침서다.

eBook 표시가 되어있는 도서는 전자책으로 구매가 가능합니다.

㈜살림출판사

www.sallimbooks.com

주소 경기도 파주시 문발동 522–1 | 전화 031–955–1350 | 팩스 031–955–1355